五育融合视角下幼儿体育的实践探索

鲁桂华 著

文化发展出版社
Cultural Development Press
·北 京·

图书在版编目（CIP）数据

五育融合视角下幼儿体育的实践探索 / 鲁桂华著 .
北京 ：文化发展出版社，2025. 7. — ISBN 978-7-5142-4678-0

Ⅰ . G613.7

中国国家版本馆 CIP 数据核字第 2025S5N550 号

五育融合视角下幼儿体育的实践探索

鲁桂华　著

责任编辑：周　蕾　　　　　　　　　　责任印制：杨　骏
责任校对：侯　娜　　　　　　　　　　装帧设计：墨知缘
出版发行：文化发展出版社（北京市翠微路 2 号 邮编：100036）
网　　址：www.wenhuafazhan.com
经　　销：全国新华书店
印　　刷：北京荣泰印刷有限公司

开　　本：710mm × 1000mm 1/16
字　　数：219 千字
印　　张：16
版　　次：2025 年 7 月第 1 版
印　　次：2025 年 7 月第 1 次印刷

定　　价：68.00 元
I S B N：978-7-5142-4678-0

◆ 如有印装质量问题，请电话联系：010-81368098

前言

《五育融合视角下幼儿体育的实践探索》一书，是基于济南市教育科学规划课题“五育融合视角下幼儿户外体育游戏的实践研究”的深厚积淀，经过精心梳理与总结而诞生的智慧结晶。

幼儿时期，体育活动不仅是幼儿园教育体系中的关键一环，更是助力幼儿达成身心全面、健康、和谐成长的核心路径，其承载的德、智、体、美、劳多元教育价值不言而喻。本书以“五育融合”这一前沿理论为基石，综合运用问卷调查法、文本分析法、行动研究法等科学研究手段，深入探寻以体树德、以体增智、以体育美、以体促劳的融合策略，全方位摸索从目标设定、环境营造、材料配备、组织落实到指导策略的融合路径，致力于构建“五育融合”视域下的体育活动园本课程资源体系。期望借此提升幼儿教师开展体育活动的专业素养，归纳推动“五育融合”落地的有效方法，护航幼儿在体育活动中迈向全面发展之路。

全书共划分为五大板块：开篇绪论部分，深度剖析五育融合的内涵、特性、教育价值以及背后的理论支撑；第二部分聚焦幼儿体育活动中五育融合的实操路径，力求为实践提供精准指引；第三部分着重阐述在此视角下，教师在幼儿体育活动中应扮演的角色与给予的支持策略；第四部分别出心裁，汇编了一线优秀教师悉心整理的经典游戏案例与活动教案，为同行提供可借鉴的蓝本；第五部分，则针对3—6岁幼儿体育游戏给出专业指导，助力幼儿体能提升。

值得一提的是，书中精心收录了12个幼儿户外体育游戏教学活动设计以及16个幼儿户外体育游戏观察案例，它们均出自经验丰富的一线幼儿园教师之手，历经反复雕琢打磨，饱含教育智慧。此外，《五育融合视角下幼儿体育的实践探索》还参照《幼儿园户外体育活动设计与指导》《学前儿童健康学习与发展核心经验》等权威书籍，以3—6岁幼儿体能发展参照、幼儿户外体育游戏集锦、幼儿户外体育锻炼基本常识三大板块为架构，匠心编写，志在为幼儿园教师、家长以及所有心系幼儿成长的群体呈上一份兼具科学性、全面性与实用性的行动指南。

鉴于时间紧迫与著者水平有限，书中难免存在疏漏与不足。在此，诚挚邀请各位学者、专家、幼儿园园长、教师及家长朋友们不吝赐教，您的宝贵意见将是我不断进步的源泉与动力。让我们携手共进，为幼儿的全面发展贡献智慧与力量。

研究成果的取得离不开各位教师的共同努力，在此特别感谢济南市章丘区东山实验幼儿园提供的研究支持，以及以下教师对课题研究及著作出版给予的大力支持与帮助：李芳、张鹏、王敏、李慧、王鹏、齐雪飞、王慧、郭英莉等。

著 者

2025年1月

目录

第一章

绪　论

一、背景

习近平总书记在2018年全国教育大会上指出，要努力构建德智体美劳全面培养的教育体系，形成更高水平的人才培养体系，培养德智体美劳全面发展的社会主义建设者和接班人。习近平总书记特别强调了体育的重要作用，他提出，体育可以帮助学生在体育锻炼中享受乐趣、增强体质、健全人格、锤炼意志。这一指示不仅明确了教育的目标，也为新时代的教育改革和发展指明了方向。在党的二十大报告中，党中央进一步强调了人才培养的重要性，并提出了新的目标和要求。其中，核心素养的培育被视为人才培养的重要内容之一。核心素养是指学生应具备的、能够适应终身发展和社会发展需要的必备品格和关键能力。它包括文化基础、自主发展、社会参与等多个方面，旨在培养学生的创新精神、实践能力和社会责任感。对标新要求，面对新挑战，需要不断提升五育融合的针对性和时效性。"五育融合育人"对于培养德智体美劳全面发展的社会主义建设者和接班人具有重要意义。

《3—6岁儿童学习与发展指南》明确指出：幼儿园的教育活动要以为幼儿后继学习和终身发展奠定良好素质基础为目标，以促进幼儿体、智、德、美各方面的协调发展为核心。幼儿阶段是儿童身体发育和机能发展极为迅速的时期，也是幼儿形成安全感和乐观态度的重要阶段，在这一阶段，体育扮演着举足轻重的角色。体育在幼儿教育中不仅关乎身体的强健与动作的协调，更是塑造幼儿健康心理、培养坚韧意志和团队合作精神的重要途径。通过体育活动，幼儿能够学习如何面对挑战、克服困难，从而培养出积极向上、勇于探索的生活态度。同时，体育活动中的互动与合作，有助于幼儿学会尊重他人、理解团队的力量，为其日后的社会交往打下良好的基础。发育良好的身体、愉快的情绪、强健的体质、协调的动作、良好的生活习惯和基本生活能力，是幼儿身心健康的重要标志，也是其他领域学习和发展的基础。

幼儿期是培养孩子终身健康行为习惯的重要时期，此时培养动作能力和运动兴趣，更易让孩子接受。另外，幼儿期也是孩子身体发育和智能发展的起步阶段和奠基时期，更是未来生活习惯定型的初期，其间获得的经验易于巩固和长久，并会使孩子将体育锻炼作为生活当中必不可少的一部分。目前，幼儿体育活动在国家决策层面受到了前所未有的关注与重视，但决定幼儿体育活动质量的关键因素在于幼儿园层面的具体实施。课题实验园自推广户外自主游戏以来进行了持续的研究，但在实践的过程中，也渐渐显露出了很多问题：①幼儿在户外体育游戏中形式多、内容多，处于游戏水平的浅层表面，缺乏整合性、全面性、自主层面的成长。②教师在幼儿户外体育游戏的指导中缺乏有效结合点和适时支持的策略。③家长对幼儿体育游戏的认识片面化，重视娱乐性，忽略体质心智的融合发展，不利于形成家园共育的合力。

教师应当注重幼儿的全面发展，将五育教育融合到幼儿园的体育活动中，借助专业优势，既要发挥游戏活动中的五育效应，也要善于融合各个领域的资源，打造幼儿阶段教育新模式。

二、意义

1. 理论意义

（1）深化对五育融合教育理念的理解。进一步深化学前教育领域对五育融合教育理念的理解，不仅探讨了五育（德、智、体、美、劳）在幼儿户外体育游戏中的具体融合路径，还分析了其内在的逻辑关系和相互影响，有助于教育者更全面、深入地把握五育融合的本质和要求。

（2）丰富幼儿体育游戏理论。从五育融合的视角出发，对幼儿户外体育游戏进行了系统的研究，探索了目标设置、环境创设、材料投放、组织实施、指导策略等多个方面的融合路径。这不仅为幼儿体育游戏的设计与实施提供了新的思路和方法，也丰富了幼儿体育游戏的理论体系。

（3）推动学前教育课程与教学改革。为学前教育课程与教学改革提供有力的理论支持。通过优化户外体育游戏的活动环境、提升教师的教学素养与支持策略，构建基于五育融合的户外体育游戏课程资源，为幼儿园的教育实践提供新的课程资源和教学模式，推动学前教育质量的整体提升。

（4）促进家园共育理念的深化。强调了家园共育在幼儿户外体育游戏中的重要性，探索了家园合作在促进幼儿全面发展中的作用。这有助于深化对家园共育理念的理解，推动家园之间的有效沟通与合作，共同为幼儿的健康成长营造良好的教育环境。

2. 实践意义

首先，通过实践研究，探索出了一套行之有效的幼儿户外体育游戏实施策略，包括环境创设、材料投放、组织实施、指导策略等，这些策略可以直接应用于幼儿园的日常教育活动中，提高幼儿参与体育游戏的积极性和兴趣，同时确保游戏活动的安全性、有序性和高效性，从而提升幼儿园的教育质量。

其次，构建的幼儿户外体育游戏资源库，包括调查报告、优秀案例和指导手册，为幼儿园教师提供了丰富的教学资源和参考依据。这些资源可以帮助教师更好地理解五育融合教育理念，设计出更符合幼儿身心发展特点的户外体育游戏活动，促进幼儿在德、智、体、美、劳各方面的全面发展。

最后，还强调了家园共育在幼儿户外体育游戏中的重要性，并探索了家园合作的有效方式。通过家园合作，可以共同为幼儿营造更加积极、健康的教育环境，促进幼儿在游戏中的全面发展，同时也增强了家长对幼儿园教育活动的理解和支持，有助于形成教育合力。

三、内涵

1. 五育融合

五育融合是一种“育人思维”。它打破传统教育思维方式的点状、割裂、二元对立、非此即彼等思维模式，力求形成“有机关联式”“整体融通式”“综合渗透式”的系统思维模式。在“五育融合”的理念和思维方式下，不仅各育之间的关联度、衔接度将有所提升，各育自身的推进方式、运行方式和发展方式也会随之发生革命性变化。本研究把五育融合界定为，将德育、智育、体育、美育、劳动教育有机渗透、融合到幼儿的一日活动中，让幼儿在快乐中学习成长、全面发展。

2. 幼儿户外体育游戏

幼儿户外体育游戏是指在幼儿园户外场地中，结合走、跑、跳等基本动作技能并借助户外体育材料、游戏情节等，融合运动、游戏和教学指导的身体练习活动，包括以教师为主导的集体性体育游戏和以幼儿为主导的分散性游戏两种类型。以教师为主导的集体性体育游戏，主要是指根据幼儿身心发展规律，确定游戏目标，选择游戏场地和游戏材料，在固定时间段开展的，有计划、有组织的户外体育游戏活动；以幼儿为主导的分散性体育游戏，主要是指在游戏中可以满足幼儿的需要，让其自由选择游戏场所、游戏时间、游戏材料的户外体育游戏，有益于激发幼儿的兴趣爱好。

五育融合视角下幼儿体育的实践探索，研究者从目标设定、内容选择、实施方式等多个层面出发，充分整合德、智、体、美、劳教育要素，通过将精心设计的教育教学活动有机地融入户外体育游戏中，形成一个相互促进、协调发展的教育整体，促进幼儿在德、智、体、美、劳各方面得到全面、均衡且和谐的发展，实现五育之间的深度融合。

四、理论支撑

（一）国内研究现状

1. 关于五育融合的研究

长期以来我国五育现状是“疏德、偏智、弱体、抑美、缺劳”，2019年，《中国教育现代化2035》明确提出要“更加注重学生全面发展，大力发展素质教育，促进德育、智育、体育、美育和劳动教育的有机融合”，自此五育融合是当前及未来基础教育改革重要的发展方向和路径之一。

学者朱丽桢肯定了五育融合的价值，指出加强“五育”之间的关联，可以实现全面育人的目标；但同时也指出在实践的过程中，存在融合深度不够，只是停留在事实、知识、技能方面，忽视思想及价值层面的问题。李政涛认为五育融合是新时期我国教育改革与发展的基本趋向，可以提升育人质量。李政林同样认为“五育融合”是教育的必然趋势，必须把传统德、智、体、美、劳五育各自开展的态势转向相互渗透的融通态势。

叶泗君阐述了五育融合在幼儿教育中的重要性。他指出，幼儿阶段是启蒙阶段，教师应注重幼儿的全面发展，将五育教育融合到幼儿园中，让幼儿在愉快的环境中学习和成长。为了五育融合在幼儿教育中的有效实施，许多研究者提出了具体的策略。例如，林华娟强调了教师在幼儿园一日生活中渗透五育融合智慧的重要性。她认为，教师应善于整合各领域资源，建设幼儿教育的新模式，在教学活动中充分促进幼儿德智体美劳全面发展。

2. 关于幼儿户外体育游戏的研究

户外体育游戏作为幼儿教育的重要组成部分，对于促进幼儿身心健康发展具有重要意义。《3—6 岁儿童学习与发展指南》指出，要以游戏为基本活动，重视幼儿的兴趣与需要，要求“保证幼儿每天有适当的自主选择和户外活动时间不少于两小时”“儿童的发展是一个整体，要注重领域之间、目标之间的相互渗透和整合，促进幼儿身心全面协调发展”。这一指导原则强调了游戏在幼儿教育中的重要地位和作用。

同时，陈鹤琴等教育先驱也强调了游戏对儿童发展的重要性，认为游戏是儿童的生命和主要活动方式，具有重要的教育价值。

近年来，国内研究者对幼儿户外体育游戏进行了广泛的研究，主要集中在以下几个方面。

（1）幼儿户外体育游戏价值的研究

户外体育游戏不仅可以提高幼儿的身体素质，还可以促进他们的心理健康和社会适应能力的发展。例如，秦小雪指出，户外体育游戏活动能够锻炼幼儿的体育能力，增强其体魄，同时提升幼儿的综合能力。马伶玉进一步强调了户外体育游戏对幼儿身心发展的重要性。她认为，户外体育游戏活动的内容应根据幼儿的年龄特点设定，符合儿童身心发展规律，具有一定教育意义，能满足不同年龄段孩子对运动、营养健康和社会性等方面的要求。

（2）幼儿户外体育游戏的存在问题与对策的研究

尽管幼儿户外体育游戏具有重要的价值，但在实际实施过程中仍存在一些问题。康淑娟通过观察和访谈发现，幼儿户外体育游戏存在时间不足、场地布局不合理、材料投入不足等问题。针对这些问题，她提出了增加游戏时间、合理规划场地、丰富材料种类等对策。宝坤兰和何春明也提出了类似的对策。他们认为，幼儿教师应提高户外体育游戏活动的组织和指导能力，确保幼儿得到充分锻炼的时间和空间。王晓芬等人通过调查研究发现，幼儿户外体育游戏类型丰富多样，但统整动作的内容项目开发不足，提示我们在设计户外体育游戏时，应更加注重动作的整合性和协调性。

（3）幼儿户外体育游戏中教师指导策略的研究

教师在幼儿户外体育游戏中扮演着重要的角色。姚卓通过观察和分析大班幼儿教师在户外体育游戏中的指导策略，发现教师在指导过程中以语言指导策略为主，非语言指导策略为辅。同时，他还提出了提高教师指导能力的具体建议，如转变指导理念、提高指导能力等。胡慧婷进一步探讨了教师在户外体育游戏中的角色和定位。她认为，教师应作为幼儿的支持者、合作者和引导者，在游戏过程中给予幼儿适当的指导和帮助。同时，她还提出了建立合理有效的教师指导策略体系的重要性。

（4）幼儿户外体育游戏中游戏环境创设

游戏环境的创设对幼儿户外体育游戏的效果具有重要影响。姚星刚从大班幼儿的视角出发，探讨了户外体育游戏环境创设的原则和方法。他认为，环境创设应从幼儿兴趣出发，全面考虑不同幼儿的需求，投放生活化材料，并赋予幼儿自主创设游戏环境的机会。刘姝瑶提出了“场地规划—

材料投放—教师支持”的基本路径，并强调场地规划是幼儿户外体育游戏活动的前提。

综上所述，当前我国五育融合研究尚处于伊始阶段，尤其是学前教育阶段还有待进行不断拓展与深化。体育游戏对儿童发展的重要作用早已为国内外教育界和体育界人士认可，有关的研究及著作数不胜数，有关的理论也耳熟能详，尤其是随着教育改革的深化、素质教育的全面推进，前人的研究虽然都取得了重要的研究成果，对体育教学及学校教育都有一定的指导和借鉴的作用。然而，在学前阶段，这些研究都还存在着一定的局限性和薄弱之处，如基础理论研究不足、实践路径尚需优化、评价机制研究没有受到应有的关注等，教师虽能认识到体育游戏的重要性，但行为上有脱节，教师较普遍地感到不知道应如何指导。这实际上反映出教师并未真正透彻理解正确的教育理论，观念上仍有模糊和混乱，并缺乏必要的指导策略，户外体育游戏的开展仅表面热闹而无大实效。要真正贯彻《幼儿园教育指导纲要》（试行）、《3—6 岁儿童学习与发展指南》、《幼儿园工作规程》的基本精神，切实落实幼儿园以游戏为基本活动、按规律实施教育的方针，单纯理论说教于事无补，需在理论与实践结合的层面上探讨问题，澄清认识，探索教育方法与支持策略。

（二）国外研究现状

1. 关于五育融合的研究

国外专门研究五育融合的人较少，但在先哲学人的论著中，接近于五育融合的思想常有出现。

夸美纽斯的多育融合思想，提倡“周全的教育”，旨在人的德、智、体等几个方面和谐而全面的发展。卢梭则强调五育之间、不同能力之间的协同作用以及由此产生的协同发展。苏霍姆林斯基主张，应当将智育、体育、德育、劳动教育和审美教育呈现为一个不可分割的统一整体，他说：要实现全面发展，就要使智育、体育、德育、劳动教育和审美教育深入地相互渗透和互相交织，使这几方面的教育统一为一个整体而呈现。日本的小原国芳首先承认人的教育的整体性和独特性，提出“全人教育”“只有完美的全人教育，即发展丰富的协调的人格，才是培养发展伟大个性之所在”。

2. 关于幼儿户外体育游戏的研究

国外研究者普遍重视幼儿体育游戏对幼儿身心发展的重要作用。他们认为，体育游戏不仅能够锻炼幼儿的身体素质，还能够促进他们的认知、情感和社会性的发展。

例如，美国的研究者强调体育教育在幼儿全面发展中的重要性。他们认为，体育教育应该贯穿幼儿教育的全过程，通过多样化的体育活动和游戏，促进幼儿在身体、认知、情感和社会性等多个方面的全面发展。英国的研究者则注重体育游戏在培养幼儿团队合作能力和社交技能方面的作用。他们通过组织团队体育活动和比赛，让幼儿在合作与竞争中学会与他人沟通和协作。澳大利亚的研究者通过观察和研究发现，户外体育游戏能够激发幼儿的运动兴趣和探索欲望，促进他们在身体协调性和运动技能方面的提高。他们还强调，户外体育游戏应该注重游戏环境的创设和材料的选择，以确保幼儿在游戏中获得全面的发展体验。新西兰的研究者则注重通过户外体育游戏培养幼儿的自主学习能力和社会交往能力。他们鼓励幼儿自主选择和组合游戏材料，设计自己的游戏规则和玩法。同时，他们还通过组织团队游戏和竞赛活动，培养幼儿的团队合作精神和社交技能。

综上所述，国内外研究者对于幼儿户外体育游戏以及全面发展教育进行了广泛而深入的研究。这些研究为我们理解幼儿户外体育游戏的实践提供了重要的理论基础和实践经验。但将五育融合的理念融入幼儿户外体育游戏中，以促进幼儿在多个方面的全面发展的研究几近空白，因此，我们提出了“五育融合视角下幼儿户外体育游戏的实践研究”课题，旨在通过理论与实践相结合，探讨如何在幼儿户外体育游戏中实现五育融合的教育目标，并探索相应的教育方法与支持策略。

第二章

幼儿体育活动中五育融合的实操路径

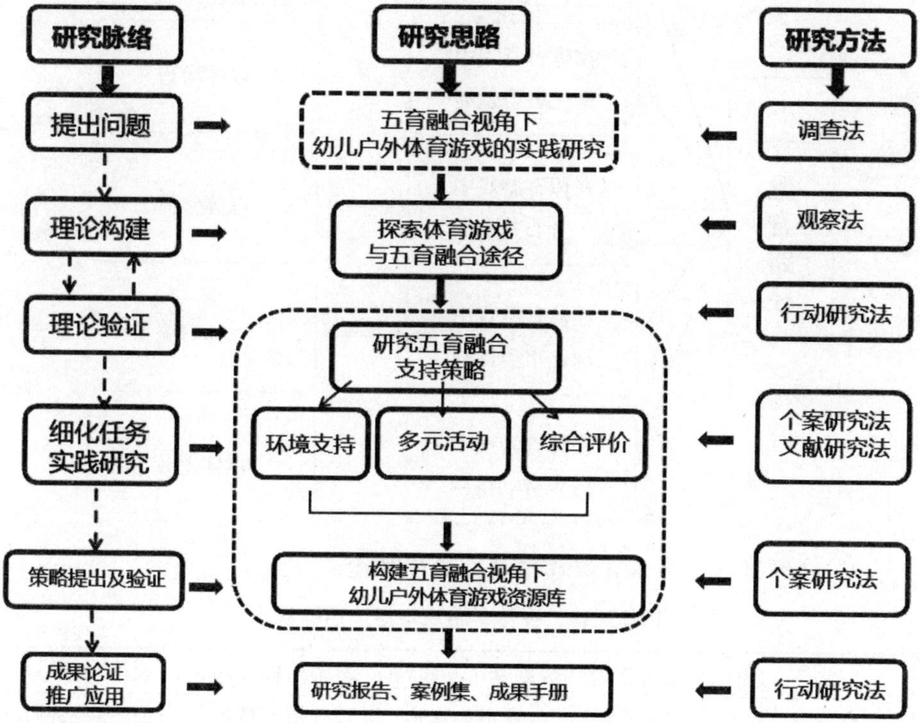

我们积极探索并形成了提升幼儿体育游戏质量的五育融合路径。该路径注重体育与健康、德育、智育、劳动教育和审美教育的有机结合，通过设计富有创意和趣味性的户外体育游戏，促进幼儿身心的全面发展。这一路径的实施不仅提升了幼儿体育游戏的质量，也为五育融合教育提供了实践参考。

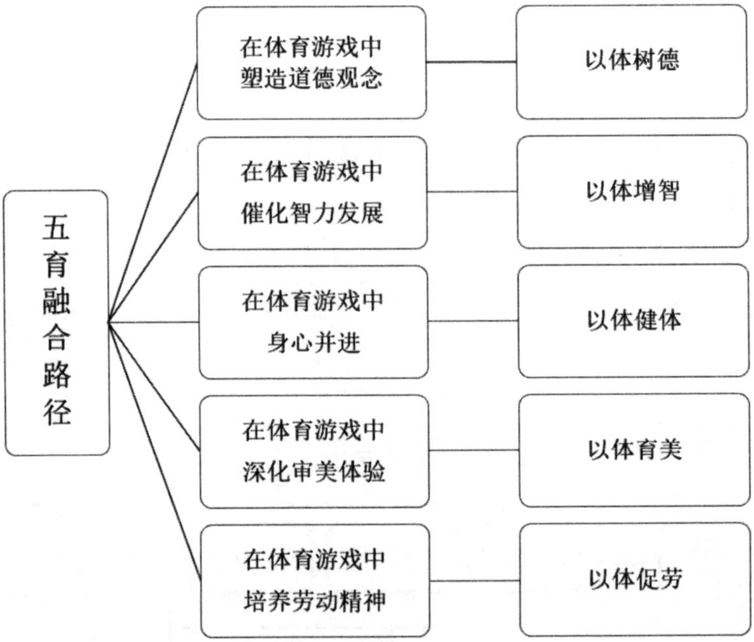

1. 以体树德，在体育游戏中塑造道德观念

以体树德，在体育游戏中塑造道德观念

方法	角色实践活动设计	规则制定与执行	教师榜样作用	反思与分享
目标	融入道德元素	强化道德意识	树立道德榜样	深化道德理解
游戏示例	小小送奶员（小班）	老猫睡觉醒不了（小班）	红花献给好老师（小班）	小刺猬运纸箱（小班）
	蜈蚣竞走（中班）	小鸡快跑（中班）	我是小兵（中班）	好玩的轮胎（中班）
	小小消防员（大班）	小小快递员（中班）	我的本领（大班）	快乐皮筋（大班）
	小小足球赛（大班）	大树和小鸟（大班）	学做解放军（大班）	好玩的梯子（大班）

体育活动不仅是身体锻炼的平台，更是塑造品格、培养道德观念的重要场所。通过体育活动，幼儿能在欢乐与汗水中学会合作、竞争、尊重和公平，从而培养他们的集体意识和道德观念。

（1）角色实践活动设计，融入道德元素

我们设计了一系列融入道德元素的体育活动，如“小小消防员”和“动物运动会”。在这些活动中，幼儿扮演不同角色，通过角色扮演体验团队协作和公平竞争的价值观。例如，“蜈蚣竞走”培养了团队合作精神，“小小足球赛”则强调公平竞争和尊重对手。

（2）规则制定与执行，强化道德意识

每个活动都有明确的规则，我们强调遵守规则的重要性，并在活动中严格执行。这有助于幼儿形成遵守规则、尊重他人的道德意识。如“小小快递员”接力赛中，孩子们学会了等待和尊重队友，体现了集体意识和公正意识。

（3）教师榜样作用，树立道德榜样

教师在体育活动中不仅是组织者，更是孩子们的道德榜样。如“红花献给好老师”“我是小兵”等活动，通过教师的行为示范，幼儿学习到尊重、公平等道德行为。教师的正面反馈和表扬强化了幼儿的道德观念，促使他们在日常生活中践行这些准则。

（4）反思与分享，深化道德理解

活动结束后，我们组织幼儿进行反思和分享。在“好玩的梯子”活动后，引导幼儿思考自己的表现，讨论团队合作和公平竞争等道德观念在活动中的体现。通过分享，他们不仅增强了表达能力和自信心，还感受到了集体的温暖。这种反思和分享深化了他们对道德观念的理解，使他们在日常生活中更好地践行这些道德准则。

总之，以体树德，体育游戏不仅锻炼了幼儿的身体，更在无形中塑造了他们的道德品质。这种融合方式让体育活动成为幼儿全面发展的重要组成部分。

2. 以体增智，在体育游戏中催化智力发展

体育游戏不仅仅是身体的锻炼，更是智力的挑战。体育游戏中的策略运用、问题解决等过程，有助于激发幼儿的思维活力和创造力。通过设计一些需要动脑的策略性体育游戏，引导幼儿在运动中思考、在挑战中创新，实现智力和体力的双重提升。

以体增智，在体育游戏中催化智力发展

方法	策略性游戏	问题解决	知识融合
目标	培养逻辑与决策	激发探索与创新	丰富活动内容
游戏示例	我变小了（小班）	快乐小竹梯（小班）	小猪盖房子（小班）
	灵活的汽车（中班）	巧玩纸盒（中班）	形影相随（中班）
	红绿灯（中班）	好玩的轮胎（中班）	小鲤鱼跃龙门（大班）
	网鱼（大班）	好玩的纸球（大班）	盖房子（大班）

（1）策略性游戏，培养逻辑与决策

在“我变小了”和“网鱼”等游戏中，幼儿需要进行团队合作，运用数学逻辑、科学知识等制定策略，解决问题。这不仅锻炼了他们的身体，还提升了他们的逻辑思维、决策能力和团队协作能力。

（2）问题解决，激发探索与创新

在障碍接力赛和投掷游戏中，如“快乐小竹梯”“好玩的纸球”，幼儿需要面对各种挑战，通过尝试和调整找到最佳解决方案。这种探索和实践的过程，培养了他们的观察力、问题解决能力和创新意识。

（3）知识融合，丰富活动内容

我们将数学、科学等知识融入整体活动中，如通过“小鲤鱼跃龙门”“小马过河”等测量跳远距离让幼儿学习测量和比较，通过投掷游戏“小猴投篮”“看谁投得远”等让幼儿了解物理原理。这样的活动不仅丰富了体育内容，还加深了幼儿对知识的理解和应用。

幼儿对这类策略性体育活动充满热情。通过设计富有策略性和挑战性的体育活动，可以激发幼儿的思维活力，培养他们的智力素质。他们在游戏中积极思考，勇于尝试，不断挑战自我。这些活动不仅让他们体验到运动的乐趣，更让他们在快乐中学习和成长。

3. 以体健体，在体育游戏中身心并进

体育活动对幼儿身心发展的重要性不言而喻。通过设计多样化的体育活动，不仅能够提升幼儿的身体素质，还能够在运动中关注他们的心理健康，使其实现身心的全面发展。

以体健体，在体育游戏中身心并进

方法	活动多样化	个性化定制	关注心理健康
目标	技能全面发展	满足不同需求	创设积极环境
游戏示例	老鼠钻洞（小班）	人车大赛（小班）	越过雨水洼（小班）
	小猴摘桃（中班）	送信（中班）	打雪仗（中班）
	顶物竞走（中班）	小猴投篮（大班）	晃晃悠悠（中班）
	快乐皮筋（大班）	我的本领（大班）	一起去郊游（大班）

（1）活动多样化，技能全面发展

我们为幼儿设计了涵盖跑、跳、投、攀、爬等多种技能的体育活动。奔跑类游戏如“和风儿赛跑”“我是小飞人”等锻炼心肺功能和耐力，跳跃活动如“小蚱蜢学跳高”提升爆发力和协调性，而投掷与接球游戏“好玩的抛接球”则提高上肢力量和准确性。此外，还有攀爬与平衡练习“勇过鳄鱼湖”，以增强上肢力量和平衡感。这些活动确保了幼儿各项基本动作技能的全面发展。

（2）个性化定制，满足不同需求

根据幼儿的兴趣、年龄和身体素质，设计个性化的体育活动方案。对于喜欢音乐的幼儿，有结合音乐的舞蹈游戏“快乐舞龙队”“中国功夫”等；喜欢冒险的幼儿，可以参与寻宝或探险活动如“跨跳闯关”“猫和老鼠”等。同时，活动的难度和复杂度也会根据幼儿的年龄段进行调整，确保每位幼儿都能在活动中得到适当的挑战和提升。

（3）关注心理健康，创设积极环境

在体育活动中，要注重幼儿的心理健康。如“快乐岛”“勇敢过桥”等，通过情绪管理游戏，帮助幼儿学会调节和表达情绪。合作与分享活动则培养幼儿的团队合作精神和社交技能。我们还设置挑战任务，让幼儿在挑战中提升自我认知，增强自信心。同时，教师会密切关注幼儿的情绪变化，及时给予正面反馈和支持，以营造轻松愉快的运动氛围。

通过设计多样化与个性化的体育活动，我们不仅能提升幼儿的身体素质，还能在运动中促进他们的心理健康。这种身心并重的教育方法，将为幼儿的全面成长奠定坚实基础。

4. 以体育美，在体育游戏中深化审美体验

体育活动不仅锻炼幼儿的身体，还蕴含着丰富的美学元素。通过舞蹈、体操等艺术性体育活动，幼儿们可以深入体验身体的美、运动的美，提升他们的审美能力。

以体育美，在体育游戏中深化审美体验

方法	艺术性体育活动设计	角色扮演与情景模拟	环境美化与氛围营造
目标	锻炼协调性 感知形态美	观察模仿 表达情感	培养审美意识 增强环保意识
游戏示例	小青蛙学本领（小班）	小花猫钓鱼（小班）	幼儿园真好玩（小班）
	送月饼（中班）	小小马戏团（中班）	快乐的树叶（中班）
	舞龙（中班）	不怕黑的猫头鹰（大班）	果农忙（中班）
	花样跳绳（大班）	孙悟空本领大（大班）	小小消防员（大班）

（1）艺术性体育活动设计

我们精心设计舞蹈、体操等艺术性体育活动，如“舞龙”“花样跳绳”等活动让幼儿在音乐的节奏中舞动身体，感受韵律之美。这些活动不仅锻炼幼儿的身体协调性，还让他们体验到身体与音乐的和谐统一。通过优雅的体操动作，幼儿们能够领略到身体的柔韧与力量，提升对形态美的感知。

（2）角色扮演与情景模拟

为了让幼儿更加深入地体验体育中的美，我们鼓励幼儿通过角色扮演和情景模拟来表达情感和想法。在“小小马戏团”中，幼儿们扮演各种小动物，模仿它们的行走、跳跃等动作，感受动物身体的独特美感。在“不怕黑的猫头鹰”中，幼儿们则通过体育活动重现经典故事，体验故事中的运动美与情感美。

（3）环境美化与氛围营造

为了给幼儿提供一个优美的体育活动环境，我们注重场地的美化和氛围的营造。在“果农忙”活动中通过布置装饰物、美化活动场地，为幼儿创造了一个充满艺术气息的活动空间。这不仅激发了幼儿参与活动的兴趣，还培养了他们的审美意识和环保意识。

通过艺术性的体育活动，幼儿们能够感受到身体的韵律美、形态美，并在角色扮演和情景模拟中表达情感和想法。这些活动不仅锻炼了幼儿的身体，还提升了他们的审美能力和艺术表现力。这些美好的体验将对幼儿未来的审美发展产生积极而深远的影响。

5. 以体促劳，在体育游戏中培养劳动精神

以体促劳，在体育游戏中培养劳动精神

方 法	劳动体验融入体育游戏	角色与职责的明确	家园共育共同培养
目 标	培养自理能力和秩序感	培养责任感和协作精神	增强亲子互动 延续劳动体验
游戏示例	运水（小班）	小兔跳彩圈（小班）	小推车（小班）
	运水果（中班）	小动物找家（中班）	种小树（中班）
	蚂蚁小小兵（中班）	小武松学本领（大班）	两人三足（大班）
	秋收乐（大班）	勇过鳄鱼湖（大班）	运球忙（大班）

体育活动不仅是幼儿身心发展的催化剂，更是培养劳动精神的重要平台。通过“秋收乐”“运粮”“技能大挑战”等体育活动，幼儿可以深刻体验到劳动的价值和乐趣，进而形成对劳动的尊重和热爱。

（1）劳动体验融入体育游戏

将劳动体验融入体育游戏中，使幼儿在参与运动的同时，体验劳动的辛苦与成就。活动前后，引导幼儿自主准备和整理活动材料，如分类、清洁、归位等。这样的体验不仅培养了幼儿的自理能力和秩序感，还让他们学会了珍惜和感恩。

（2）角色与职责的明确

在体育游戏中，明确每个幼儿的角色和职责，如队长、安全员等。通过角色扮演和任务执行，让幼儿意识到自己在团队中的重要性，并培养他们的责任感和协作精神。这种体验能让幼儿学会为团队贡献自己的力量，增强他们的集体荣誉感。

（3）家园共育，共同培养

鼓励家长参与幼儿的体育游戏和劳动体验，与幼儿一起完成任务和挑战。亲子趣味运动会中“大脚小脚一起走”“送小动物回家”“过河”等活动，不仅增强了亲子互动，还让家长更加了解和支持五育融合的教育理念。通过家长的参与和指导，幼儿能够在家庭中延续体育活动和劳动体验的习惯，进一步巩固他们的劳动精神。

以体促劳，通过体育活动培养幼儿的劳动精神是一种有效的教育方法。它让幼儿在锻炼身体的同时，学会了珍惜劳动成果、尊重他人劳动，并培养了他们的责任感和协作精神。

幼儿体育活动中的五育融合实践，不仅是对幼儿全面成长与发展的有力促进，更是为其未来人生道路奠定坚实基础的关键举措。本研究深信，通过精心策划与实施的体育活动，深度融合德育、智育、体育、审美教育及劳动教育的精髓，能够引导幼儿在愉悦与汗水的交织中茁壮成长，为其未来的全面发展奠定牢固的基石。

以大班体育活动《小马过河》为例：

在本节《小马过河》的体育游戏中，教师不仅作为活动的发起者和参与者，更是一个引导者，带领幼儿共同探索助跑跨跳的方法。整个活动过程中，我们营造了一个轻松、愉快的氛围，使孩子们在欢乐中学习和成长。随着情景挑战环节的难度逐渐提升，孩子们的兴趣也愈发浓厚，他们的积极性被充分调动起来，将活动推向了高潮。

大班体育活动：

《小马过河》

设计意图：

教材分析：基于主题背景《我是大班哥哥姐姐》次主题"我在长大"，幼儿升入大班后发生了很多变化，成为了幼儿园的哥哥姐姐，幼儿长大的过程蕴含着许多兴奋和喜悦，也潜藏着许多教育的契机。

学情分析：在日常体育运动体能大循环中，发现跳跃是大班孩子比较喜欢的动作，不过跨跳的能力掌握度还需进一步提高，恰巧助跑跨跳过一定距离的障碍物能使他们获得充足自信。

本节课以故事《小马过河》为背景，创设"小马长大了能帮妈妈做事情"的游戏情境，环节设计层层递进，通过尝试、模仿、练习，在活动中让发展水平不一的幼儿，在助跑跨跳的能力方面得到各自最大的发展。

活动目标：

一、情感目标：乐于参与体育游戏，体验游戏的乐趣。

二、能力目标：练习助跑跨跳过一定距离的平行线。

三、认知目标：掌握助跑跨跳的动作要领，锻炼身体的协调性。

活动重点：探索并尝试掌握助跑跨跳的动作要领

活动难点：正确掌握助跑跨跳的动作要领

活动准备：

一、物质准备：

小粮袋若干、绳子两根、梅花桩若干、粮仓储物箱、贴有大鳄鱼的纸箱、PPT课件

二、经验准备：

了解故事《小马过河》

活动过程：

一、创设情境、通过准备活动热身

创设"小马长大了，跟着妈妈学本领"的游戏情境，带领幼儿做走、跑、跨跳的动作活动全身。

二、利用粮袋引导幼儿自主探索助跑跨跳的动作要领

1、探索原地跨跳，掌握跨跳的动作要领

（1）引导语：小马们，刚才我们都练习了哪些本领？

以小粮袋为障碍物，引导幼儿尝试跨跳的本领。

（2）创设小河的游戏情境，引导幼儿探索并掌握跨跳的动作要领。

引导语：宽宽的小河你们还能跨过去吗？请你们去试一试吧。

组织幼儿探索练习并分享经验，老师示范讲解：前腿大步迈、后腿用力蹬就能轻松的跨过去了。

2、通过情境探索助跑跨跳的动作要领

（1）引导语：小河变得更宽了，想想办法怎样也能轻松的跨跳过去呢？

组织幼儿自主探索练习并分享经验，老师示范讲解：原来跑能过够帮助我们跨的更轻松、更远。

（2）引导语：那我们应该怎样跑呢？跑多长的距离合适呢？

请幼儿尝试并分享，老师小结：原来快速跑并且把握好合适的距离才能让助跑跨跳这个动作完成的更好。

(3)再次组织幼儿尝试，老师注意观察，指导个别幼儿助跑跨跳的动作。

三、创设"小马运粮"的游戏情境，反复巩固练习助跑跨跳

1、通过游戏"小马跨小河"，反复练习动作

引导语：小马们，你们的本领都练的很棒了，让我们去帮妈妈运粮吧。

老师介绍游戏玩法：要先跨过小河，绕过小树桩，从两边绕回来。

游戏规则：当第一匹小马跨过小河之后第二匹小马再出发。

组织幼儿反复练习，老师观察幼儿动作掌握情况。

2、创设小河变宽的情境，再次巩固练习助跑跨跳的动作

引导语：我们的小河变宽了，而且两边宽窄不同，你们可以选择适合自己的，也可以挑战有难度的，三秒钟时间做选择并调整队伍。

组织幼儿反复练习，老师观察幼儿情况，引导幼儿自主进行评价，帮助同伴解决问题。

3、增设"大鳄鱼"的情境，尝试障碍物变高的跨跳动作

引导语：这次在小河的那边有两只大鳄鱼，请你跨过小河之后再跨过鳄鱼，千万不要踩到大鳄鱼哦。

组织幼儿练习，老师重点鼓励幼儿大胆尝试。

四、利用粮袋做放松活动

引导语：小马们，经过我们的努力终于跨过了小河，又跨过了大鳄鱼，你们真是太棒了，让我们拿着小粮袋放松一下身体吧。

老师带领幼儿用粮袋敲一敲、锤一锤身体各部位，放松身体各部位。

请小马们一起把粮袋放到粮仓，结束课程。

活动反思：

本节活动中，教师以一个活动的发起者和参与者引导幼儿共同探索助跑跨跳的方法，形成了轻松，愉快的氛围到后面的情景挑战环节，难度逐渐增幼儿的兴趣越来越浓厚，充分调动了幼儿的积极性，把活

从五育融合的角度来看，本次活动在多个方面都有所体现：

体育与健康：通过助跑跨跳等体育活动，孩子们不仅锻炼了身体，提高了运动技能，还学会了如何在运动中保护自己，增强了安全意识。同时，活动也促进了孩子们的身心健康，让他们在运动中释放压力，享受快乐。

德育：在活动中，教师鼓励孩子们勇敢面对挑战，不怕失败，培养了他们的坚韧不拔和勇敢精神。同时，通过团队合作和互助，孩子们学会了尊重他人，增强了集体荣誉感。

智育：在探索助跑跨跳方法的过程中，孩子们需要观察、思考和实

践，这锻炼了他们的观察力和思维能力。同时，通过不断尝试和调整，孩子们也学会了如何解决问题，提高了他们的创新能力和实践能力。

审美教育：活动中的情景设置和角色扮演，让孩子们在运动中感受到了美的氛围。他们通过模仿小马的动作和表情，不仅锻炼了身体，还培养了审美情趣和表现力。

劳动教育：虽然本次活动主要侧重于体育活动，但孩子们在参与过程中也体验到了劳动的乐趣。他们通过努力完成任务，获得了成就感和自信心，同时也培养了勤劳和自律的品质。

综上所述，本节《小马过河》的体育活动不仅让孩子们在身体上得到了锻炼，还在德、智、美、劳等多个方面得到了全面发展。孩子们在整个活动过程中保持了放松、愉悦的状态，主动参与活动的意识强烈。每个孩子都能在自身原有的基础上得到提升和发展，同时在生理和心理上获得了成功的自信和喜悦感。这种成功感和喜悦感将进一步激发他们更加积极主动地参与体育活动和其他各种教育活动，实现全面发展。

第三章

组织幼儿体育游戏的优化支持策略

在深入研究和实践过程中，针对幼儿体育游戏的组织与实施，精心探索出了一系列优化支持策略。这些策略旨在提高幼儿参与体育游戏的积极性、兴趣，同时确保游戏活动的安全、有序和高效。

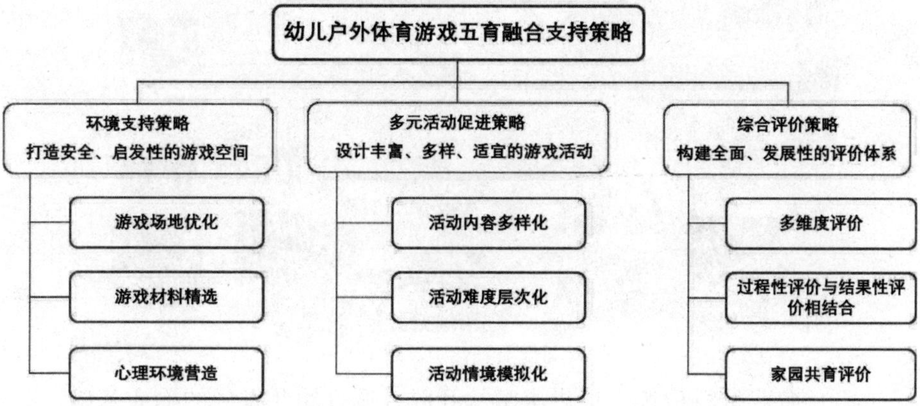

1. 环境支持策略——打造安全、启发性的游戏空间

皮亚杰的认知发展理论强调，儿童通过与环境的互动来构建认知结构，良好的游戏环境对幼儿发展至关重要。环境支持策略旨在为幼儿体育游戏提供一个安全、适宜、富有启发性的物理和心理环境，以促进幼儿在游戏中全面发展。

（1）游戏场地优化：提供安全、适宜的物理空间

①物理环境布置：确保游戏场地宽敞、平坦且安全无虞，合理布局器材设施，利用自然元素带来趣味与挑战。区域划分明确，避免游戏干扰，同时保持场地整洁，定期维护设备安全。

②户外区域多元化设计：因地制宜划分户外环境，如沙水区、建构区、创意区等，促进幼儿的自主选择与多元体验；自然化、生态化的改造，如小山坡、攀爬网等，激发幼儿游戏兴趣。确保游戏场地宽敞、平坦、无安全隐患，根据游戏需求合理布置器材和设施。例如，设置明确的区域划分，避免不同游戏间的相互干扰；利用树木、坡地等自然元素增加户外体育游戏的趣味性和挑战性。同时，保持场地整洁，定期检查和维护

游戏设备，确保其安全性和功能性。

济南市章丘区东山实验幼儿园户外游戏导航图

（2）游戏材料精选：提供丰富、开放、适宜幼儿发展的物质基础

材料是诱发、支持、发展幼儿游戏行为的媒介，是幼儿自主游戏的物质基础。教师应积极投放适宜材料，满足幼儿的游戏需要。教师在为幼儿提供材料时要注重：

①目的性材料投放：依据幼儿身心发展特点，投放符合其发展水平的游戏材料，如平衡木、轮胎组合等，促进幼儿身体平衡与协调能力发展。

②开放性材料使用：在确保安全卫生的前提下，鼓励幼儿自由组合、创造性使用材料，如万象组合区的材料多变探索。

③层次性材料配置：根据游戏进展与幼儿发展，由浅入深、从易到难投放材料，满足不同年龄段幼儿需求。

④丰富性与低结构化材料：提供数量充足、种类丰富的材料，促进幼儿与材料的多元互动。同时，引入低结构化与乡土化材料，如沙包、高跷，鼓励幼儿创新使用。

⑤材料追踪与调整：持续追踪幼儿活动热点，及时调整和完善材料，满足幼儿游戏需求。鼓励教师大胆创新投放游戏材料，及时追踪各年龄班幼儿的活动热点，发现问题，及时调整和完善材料。

（3）心理环境营造：构建宽松、自由、鼓励探索与尝试的游戏氛围

心理环境营造策略旨在构建一个宽松、自由且鼓励幼儿探索与尝试的游戏氛围。在这一环境中，幼儿能够摆脱过多的限制和压力，按照自己的节奏和兴趣自由表达、自主选择游戏内容和方式，并在教师的积极鼓励和丰富材料的支持下，勇于尝试不同的游戏方法和解决问题的策略。这样的氛围不仅激发了幼儿参与游戏的热情和兴趣，还促进了他们自信心、自主性和创造性等心理品质的发展，同时为他们提供了良好的社交环境，增强了与同伴间的交流与合作能力。

①积极鼓励与支持：通过言语鼓励、肢体接触等积极的方式，增强幼儿的自信心与安全感，营造宽松、自由的游戏氛围，使幼儿在游戏中感到被尊重与被支持。

②合作与竞争培养：鼓励幼儿间的合作与适度竞争，促进团队精神与社会交往能力的发展，在游戏中设置合作任务与适度竞争环节，让幼儿在游戏中学会相互尊重与支持，培养积极的团队意识和社交技能。

③时间规划与管理：合理的时间规划对于保持幼儿参与游戏的积极性和兴趣至关重要。根据幼儿年龄和注意力特点，合理安排每个游戏环节的时间长度，确保幼儿能够在保持兴趣的同时充分参与；在游戏之间设置适当的休息时间，让幼儿有机会放松身心，避免过度疲劳；根据幼儿在游戏中的实际表现和需求，灵活调整时间规划，确保游戏过程既充实又有趣。

章丘区东山实验幼儿园户外活动区上午时段安排表

周次	班级/活动区	大一班	大二班	大三班	大四班	中一班	中二班	中三班	中四班	小一班	小二班	小三班	小四班
一、四、七、十、十三、十六、十九	星期一	万象组合区	体能循环区	梯子轮胎区	炭烧积木区	传统游戏区	丛林探险区	童话乐园区	花盆搭建区	沙水区	小车区	大滑梯区	涂鸦区
	星期二	体能循环区	梯子轮胎区	炭烧积木区	万象组合区	丛林探险区	童话乐园区	花盆搭建区	传统游戏区	小车区	大滑梯区	涂鸦区	沙水区
	星期三	梯子轮胎区	炭烧积木区	万象组合区	体能循环区	童话乐园区	花盆搭建区	传统游戏区	丛林探险区	大滑梯区	涂鸦区	沙水区	小车区
	星期四	炭烧积木区	万象组合区	体能循环区	梯子轮胎区	花盆搭建区	传统游戏区	丛林探险区	童话乐园区	涂鸦区	沙水区	小车区	大滑梯区
	星期五	户外大自主混龄游戏											
二、五、八、十一、十四、十七、二十	星期一	传统游戏区	丛林探险区	童话乐园区	花盆搭建区	沙水区	小车区	大滑梯区	涂鸦区	万象组合区	体能循环区	梯子轮胎区	炭烧积木区
	星期二	丛林探险区	童话乐园区	花盆搭建区	传统游戏区	小车区	大滑梯区	涂鸦区	沙水区	体能循环区	梯子轮胎区	炭烧积木区	万象组合区
	星期三	童话乐园区	花盆搭建区	传统游戏区	丛林探险区	大滑梯区	涂鸦区	沙水区	小车区	梯子轮胎区	炭烧积木区	万象组合区	体能循环区
	星期四	花盆搭建区	传统游戏区	丛林探险区	童话乐园区	涂鸦区	沙水区	小车区	大滑梯区	炭烧积木区	万象组合区	体能循环区	梯子轮胎区
	星期五	户外大自主混龄游戏											
三、六、九、十二、十五、十八、二十一	星期一	沙水区	小车区	大滑梯区	涂鸦区	万象组合区	体能循环区	梯子轮胎区	炭烧积木区	传统游戏区	丛林探险区	童话乐园区	花盆搭建区
	星期二	小车区	大滑梯区	涂鸦区	沙水区	体能循环区	梯子轮胎区	炭烧积木区	万象组合区	丛林探险区	童话乐园区	花盆搭建区	传统游戏区
	星期三	大滑梯区	涂鸦区	沙水区	小车区	梯子轮胎区	炭烧积木区	万象组合区	体能循环区	童话乐园区	花盆搭建区	传统游戏区	丛林探险区
	星期四	涂鸦区	沙水区	小车区	大滑梯区	炭烧积木区	万象组合区	体能循环区	梯子轮胎区	花盆搭建区	传统游戏区	丛林探险区	童话乐园区
	星期五	户外大自主混龄游戏											

2. 多元活动促进策略——设计丰富、多样、适宜的游戏活动

这一策略旨在通过设计丰富多样的游戏活动，满足幼儿不同发展阶段和兴趣爱好的需求。多元智能理论认为，人类具有多种智能类型，体育游戏可以全面促进幼儿各种智能的发展。通过设计丰富多样的体育游戏活动，满足不同年龄段幼儿的发展需求，激发幼儿参与游戏的兴趣和积极性。

（1）活动内容多样化

结合幼儿的身体发展特点和兴趣爱好，设计不同类型的体育游戏，如跑、跳、投、爬等，以全面锻炼幼儿的身体。同时，融入团队合作、角色扮演等元素，增加游戏的趣味性和教育意义。

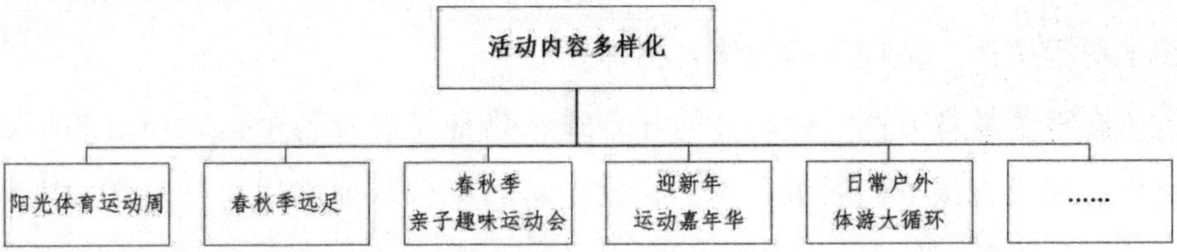

（2）活动难度层次化

根据幼儿的年龄和能力水平，设置不同难度的游戏关卡或任务，确保每个幼儿都能在适合自己的挑战中获得成就感。结合幼儿的兴趣和发展水平，设计富有挑战性的游戏环节，激发幼儿的好奇心和探索欲。例如，在跳跃游戏中，可以设置不同高度的障碍，让幼儿根据自己的能力选择尝试。

（3）活动情景模拟化

利用故事情景、角色扮演等方式，将体育游戏融入幼儿熟悉的生活场景中，提高游戏的吸引力和代入感。例如，组织“小小消防员”游戏，让幼儿在模拟的火灾场景中学习使用灭火器、救援被困人员等技能。将体育游戏与德育、智育、美育、劳育等相结合，促进幼儿身心健康的全面发展。

以课题实验园春季趣味运动会为例：

此次运动会不仅是一次体育竞技的盛会，更是五育（德、智、体、美、劳）融合教育的生动实践。孩子们在运动中收获了快乐与成长，在竞

争中学会了尊重与合作，在参与中体验了劳动与创造。

在德育方面，运动会通过集体荣誉感和团结意识的培养，以及园长对孩子们爱运动、乐交往、会合作精神的鼓励，强化了幼儿的道德观念和社会责任感。孩子们在比赛中学会了尊重对手、遵守规则，展现了良好的品德风貌。

在智育方面，运动会中的各个环节，如整理书包、玩具分类等，与幼小衔接课程相融合，既锻炼了孩子们的身体，又促进了他们智力的发展。孩子们在游戏中学习，在学习中游戏，实现了寓教于乐的目的。

体育自然是运动会的重头戏。通过丰富多样的运动项目，孩子们充分锻炼了身体，增强了体质。他们在比赛中挥洒汗水，享受运动的乐趣，培养了勇于拼搏、坚韧不拔的体育精神。

在审美教育方面，运动会的开幕式、热身操以及各个运动项目的精彩表现，都成为孩子们展示自我、绽放光彩的舞台。他们用自己的方式诠释着美，传递着正能量，让运动会充满了艺术的气息。

在劳动教育方面，运动会中的亲子项目，如《运果子》《小小运输员》等，不仅增进了家长与孩子之间的情感交流，也让孩子们在参与中体验到了劳动的艰辛与快乐，培养了他们的劳动意识和动手能力。

3. 综合评价策略——构建全面、发展性的评价体系

布朗芬布伦纳的生态系统理论认为，儿童的发展受到多个系统层次的影响，包括微观系统（如家庭、幼儿园）、中观系统（如家庭与幼儿园之间的关系）、宏观系统（如社会文化环境）等。综合评价策略通过观察、测试、问卷调查等多种方式，家长和教师的共同参与和合作，对幼儿在体育游戏中的表现进行全面、客观的评价，以了解幼儿的身体发展状况和运动能力，为后续的游戏设计和指导提供依据。

（1）多维度评价

不仅关注幼儿的身体素质（如力量、速度、耐力等）和运动技能（如协调性、平衡感等），还重视对幼儿的心理素质（如自信心、合作精神等）

和社会适应能力（如规则意识、交往能力等）的评价。

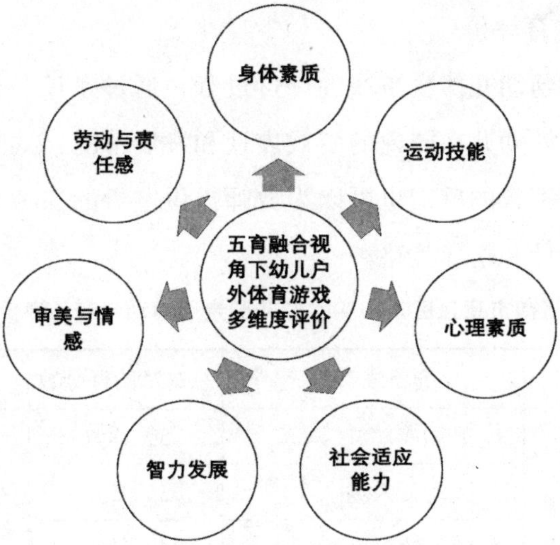

（2）过程性评价与结果性评价相结合

既关注幼儿在游戏结束时的表现成果，也重视幼儿在游戏过程中的努力和进步。通过记录幼儿在游戏中的行为表现、情感反应等，全面了解幼儿的发展状况。

章丘区东山实验幼儿园阶段性动作测评内容及标准

小班	平衡和协调能力测查	力量和耐力			手部的灵活协调力测查
内容	灵活上下两层楼梯	双手投掷沙包 2 米	悬垂 10 秒	单脚连续跳 2 米	沿直线剪面条
中班	平衡和协调能力测查	力量和耐力			手部的灵活协调力测查
内容	连续自抛自接球	单手向前投掷沙包 4 米	悬垂 15 秒	单脚连续跳 5 米	沿轮廓剪方形
大班	平衡和协调能力测查	力量和耐力			手部的灵活协调力测查
内容	连续跳绳	单手向前投掷沙包 5 米	悬垂 20 秒	单脚连续跳 8 米	沿轮廓剪曲线图形

测评标准：达到要求；尚未达到目标。

（3）家园共育评价

鼓励家长参与幼儿体育游戏的评价过程，通过家长会、家园联系册等方式，让家长了解幼儿在园内的游戏表现和发展情况，共同促进幼儿的健康成长。同时，家长的反馈也可以为教师提供宝贵的参考意见，帮助教师不断优化游戏设计和指导策略。

济南市章丘区东山实验幼儿园亲子运动会家长评价

题目	选项或答案	总选择的百分数	分析
6. 您对运动会的哪个环节印象最深刻？[多选题]	A. 升国旗	59.18%	大多数家长认为幼儿早操展示、运动项目、升国旗印象最深刻
	B. 运动员入场	55.95%	
	C. 园长致辞	40.31%	
	D. 幼儿早操展示	69.56%	
	E. 运动项目	61.73%	
8. 您对哪个项目印象最深刻？	A. 小海浪（小班）	51.24%	从百分比来看小班家长对于项目“小海浪”、中班家长对于“翻滚泥鳅”、大班家长对于“夺红旗”印象最深刻
	B. 翻滚泥鳅（中班）	63.41%	
	C. 夺红旗（大班）	57.69%	
9. 您认为通过体育游戏除了强身健体还得到了哪些方面的品质？[多选题]	A. 团结合作	91.84%	大多数家长认为体育游戏的开展除了可以增强体质还可以从中得到团结合作、克服困难、热爱劳动、建立规则意识
	B. 克服困难、不怕输	89.12%	
	C. 热爱劳动、不怕累	68.71%	
	D. 规则意识的建立	80.27%	

续　表

题目	选项或答案	总选择的百分数	分析
10. 您认为亲子运动会应注重［多选题］	A. 竞技	30.95%	大多数家长认为亲子运动会应注重参与、团队、趣味、亲情方面
	B. 参与	88.27%	
	C. 团队	81.12%	
	D. 教育	52.89%	
	E. 亲情	77.38%	
	F. 趣味	79.08%	
11. 在对参赛运动员的奖励评价方法上，您希望是［多选题］	A. 奖励前六名的参赛者	10.03%	绝大部分家长认为应该奖励所有参赛者，且给予精神奖励为主适当增加物质奖励
	B. 奖励参赛人数的一半	5.1%	
	C. 奖励参赛人数的三分之二	6.97%	
	D. 奖励所有参赛者	84.35%	
	E. 给予物质奖励	14.97%	
	F. 给予精神奖励	37.76%	
	G. 给予双重奖励	26.36%	
12. 您认为孩子在整个活动中得到了哪些方面的发展？［多选题］	A. 运动技能	84.01%	大多数家长认为孩子们在整个活动中得到了运动技能、荣誉感、规则意识、交往能力、合作意识、任务意识、独立性等方面的发展
	B. 交往能力	63.95%	
	C. 规则意识	79.76%	
	D. 任务意识	68.54%	
	E. 独立性	54.42%	
	F. 荣誉感	81.63%	
	G. 合作意识	74.49%	

通过这些优化支持策略的实施，有效提高了幼儿参与体育游戏的积极性和兴趣，确保了游戏活动的安全、有序和高效。同时，也为幼儿园体育游戏的发展和创新提供了有力的支持和保障。

第四章

经典游戏案例与活动教案汇编

幼儿体育教学活动设计

年龄段	活动名称	活动目标
小班（3—4岁）	老鼠钻洞	发展身体协调性、灵活性，培养规则意识，体验同伴游戏乐趣
	快乐的小鸭	锻炼腿部肌肉与平衡能力，培养节奏感，激发运动兴趣
	小脚的朋友	认识小脚，发展脚部动作协调性，培养爱护小脚意识
	动一动真有趣	了解身体动作，锻炼大肌肉，体验运动愉悦感
	小猴摘桃	练习跳跃、摘物，培养观察力与应变能力，感受成就感
中班（4—5岁）	我们爱运动	提升身体综合能力，培养团队合作，激发运动热爱
	勇敢过桥	锻炼平衡、胆量与专注力，培养自我保护意识与自信心
	百变金箍棒	发挥想象、创造力，锻炼综合运动能力，培养合作交往能力
大班（5—6岁）	勇敢的小兵	提升身体素质，培养坚韧意志，增强纪律与团队荣誉感
	勇闯鳄鱼湖	发展跳跃能力，培养解决问题能力，激发冒险精神
	小猴投篮	练习投篮，培养竞争意识，养成自主锻炼习惯
	小马过河	锻炼助跑跨跳，培养观察力与判断力，鼓励勇于尝试

第一部分　幼儿户外体育游戏教学活动设计

小班（3—4岁）

老鼠钻洞

年龄段：小班

设计者：王鹏（济南市章丘区东山实验幼儿园）

设计意图

《老鼠钻洞》是一节小班体育游戏，在活动中我利用游戏情景贯穿始终，通过“老鼠钻洞”“猫捉老鼠”和“小老鼠吹泡泡”三个游戏锻炼幼儿的钻、跑、听指挥躲避危险的能力，让幼儿在愉快的情绪中大胆参与、敢于挑战。利用真人扮演“猫”，增加游戏的挑战性和趣味性；让幼儿在快乐、紧张的氛围中发展动作的灵活性，在游戏过程中养成爱劳动、敢挑战、不怕困难的学习品质。

活动目标

1. 能钻过60—70厘米高的障碍物，并乐意钻来钻去。
2. 能听指令做游戏，遵守游戏规则。

活动准备

1. 60—70厘米高的钻圈若干，沙包若干，猫头饰1个。
2. 游戏音乐及活动课件。

活动过程

一、热身活动，激发兴趣

教师带领幼儿听《小老鼠上灯台》音乐上场，围个圈做准备活动。

师：鼠宝宝们，今天天气真好，我们一起出去做游戏吧！

教师带领幼儿做跑步、弯腰、屈膝、跳跃等动作以及同伴之间互相搭洞、钻洞游戏，提醒幼儿注意安全。

（评析：热身活动环节，教师巧妙地以《小老鼠上灯台》的音乐引入，营造了欢快的氛围，充分调动了幼儿的积极性，使身体各部位得到充分预热，为后续的体育游戏做好了准备）

二、创设情景，初步探索

游戏一：小老鼠钻洞

1. 引出钻洞游戏，幼儿初步体验

教师带领幼儿来到“新家”，引导幼儿钻洞洞。

师：老鼠最大的本领是什么？你会钻洞洞吗？请你们去试一试吧！

引导幼儿练习钻洞动作。

2. 幼儿展示钻洞方法，教师总结动作要领

请个别幼儿展示钻洞动作，教师总结动作要领：双膝弯弯，腰弯弯，低着头儿钻钻钻。

3. 引导幼儿去钻多个“洞”，反复练习钻的动作技巧

幼儿再次练习钻洞。

（评析：教师通过“新家”的情景设置，自然地引出钻洞游戏，教师总结动作要领，让幼儿反复练习钻多个“洞”，有助于巩固和强化他们的钻洞动作技巧，提高动作的熟练度和规范性）

三、游戏体验，巩固练习

游戏二：猫捉老鼠

（一）第一次游戏

1. 教师和幼儿一起讨论找粮食的方法，引导鼠宝宝们去洞外找粮食。

师：刚才活动了这么久都饿了，我们一起出去找点粮食吧！那边是什么？（小花猫）

2. 游戏开始，教师讲解游戏规则。

“小老鼠”钻圈出来找粮食（一次只能拿一袋），再钻圈回到洞里。提醒幼儿动作要轻，不要惊动“大花猫”。

3. “大花猫”醒来“喵喵喵”，站起来抓“小老鼠”，“小老鼠”要赶紧钻回到大圈里。提醒老鼠宝宝注意安全。

（评析：教师引导幼儿讨论找粮食的方法，既激发了幼儿的思考，又增强了游戏的趣味性和幼儿的参与度。清晰明确的游戏规则讲解，让幼儿能够迅速理解游戏任务和要求，保证游戏的顺利进行。在“大花猫”抓“小老鼠”时提醒注意安全，体现了教师对幼儿安全的重视）

（二）第二次游戏

1. 教师发现问题及时调整

针对个别动作要领掌握不够熟练的幼儿，进行指导，幼儿再次巩固钻洞洞的动作。

2. 幼儿再次游戏

（评析：教师能够观察到个别幼儿动作要领掌握不熟练的情况，并及时进行有针对性的指导，展现了教师对幼儿个体差异的关注和较强的教育指导能力，有助于全体幼儿共同进步）

（三）第三次游戏

1. 增加难度，再次挑战

“粮食”放进栅栏里，“大花猫”在栅栏处安装铃铛，提升难度，幼儿再次游戏。

师：这一次更要多加小心，谁能来试一试，怎样才不会碰到机关？

请1—2名幼儿尝试钻洞。

2. 游戏开始，教师指导

（评析：增加游戏难度，如将“粮食”放进栅栏、“大花猫”安装铃铛等设置，激发了幼儿的挑战精神和应对困难的勇气，促进了幼儿的身心发展）

四、游戏结束，整理放松

游戏三：小老鼠吹泡泡

教师带领幼儿做放松活动。

师：今天我们找到这么多粮食你们开心吗？现在我们一起来庆祝一下吧！

（评析：在游戏结束时，通过轻松愉快的庆祝方式，让幼儿的身心得到有效的舒缓，同时也让幼儿在欢乐的氛围中感受到活动的圆满和成功，为本次体育游戏画上了一个愉快的句号）

活动反思

通过一系列游戏环节的设置，幼儿不仅在体能上得到了锻炼，如钻、跑等动作能力的提升，还在思维和社交方面有所发展。他们在讨论找粮食的方法、遵守游戏规则的过程中，学会了思考和协作。对于个别幼儿动作要领掌握较慢的情况，及时的指导和调整帮助他们跟上了整体进度，这让我认识到关注个体差异的重要性。在德育方面，在“猫捉老鼠”的游戏中，幼儿学会了遵守规则，培养了规则意识。在智育上，通过探索钻洞技巧、讨论找粮食的方法等环节，锻炼了幼儿的思考和解决问题的能力。在体育方面，钻、跑等动作的练习增强了幼儿的身体素质和动作协调性。审美教育体现在游戏情景的创设和音乐的运用上，给幼儿带来美的感受。劳动教育则在找粮食的过程中有所渗透，让幼儿体会劳动的意义。

但活动也有可改进之处，比如可以增加幼儿合作搬运粮食的环节，强化劳动教育。也可以设置一些具有挑战性的问题，激发幼儿更深入地思考和探索。总之，通过不断地反思与改进，能够让活动更加完善，更好地促进幼儿的全面发展。

快乐的小鸭

年龄段：小班

设计者：宋乐乐（济南市章丘区东山实验幼儿园）

设计意图

幼儿阶段是身体发育和机能发展极为迅速的时期，小班的孩子相对中、大班发展较弱，因此本次优质课我选择了体育游戏，通过设置有趣的游戏情景，将幼儿带入情景中，引起幼儿兴趣。小班的孩子爱跑、爱跳，在前期经验的基础下设计了本堂活动，通过绸缎这个简单的道具一物多玩，在游戏过程中发展提升幼儿跑、跳、钻的技能，为今后的体育活动，动作的发展打下深厚的基础。

活动目标

一、情感目标：喜欢参加体育活动，体验和同伴一起游戏的快乐。

二、认知目标：发展跑、跳、钻等动作协调性的技能，在游戏中敢于参加挑战。

三、能力目标：能够在游戏中躲避他人的碰撞。

活动重点

发展跑、跳、钻等动作协调性的技能

活动难点

能够在游戏中躲避他人的碰撞。

活动准备

物质准备：长约 6 米，宽约 3 米的绸布一块、小鸭头饰若干、欢快的音乐等。

经验准备：幼儿已有初步的跑、跳、钻的经验。

活动过程

一、游戏导入，激发兴趣

教师带领幼儿进行热身运动，活动身体，为游戏环节做准备。

教师引导语：鸭宝宝们，今天天气真好呀，你们愿意和鸭妈妈一起去散步吗？鸭宝宝们一定要排好队，听指挥，跟紧妈妈身后哦。幼儿在教师的带领下，做跑、跳、钻、躲避等动作提前感知。

二、创设关卡，练习本领

1. 跳过小河沟，巩固练习多种跳

教师引导语：“鸭宝宝们，前面有一条小河沟挡住我们的路了，我们该怎样安全地通过呢?”

（1）请幼儿自由探索跳过小河沟的方法。

（2）个别幼儿（3—5 名）示范各种跳的动作要领，师生小结：小鸭们跳的时候要轻轻落地，注意不要碰到旁边的小鸭，小脚可千万不要碰到小鸭，否则会掉下去摔倒的。

动作要领。双脚跳：小脚并并拢，小腿用用力，膝盖弯一弯，轻轻跳过去，321 一起跳。

单脚跨跳：抬起一条腿，单脚用力蹬，膝盖弯一弯，跨过障碍物，321 一起跳。

2. 躲浪花，巩固低头钻跑

教师引导语：宝宝们，小河里掀起了一个大浪花，你们能勇敢地闯过去吗?

（1）幼儿在不同高度的“浪花”下钻来钻去。

（2）师生小结动作要领：躲浪花的时候，要弯弯腰快快跑，不要被浪花打到，也注意躲避旁边的小鸭子，教师给予幼儿鼓励和表扬。

（3）难度提升，巩固动作发展：设置两种高度的浪花，请幼儿自行选择一种挑战“躲浪花”。

3. 躲避雷雨，巩固练习钻

（1）教师引导语：打雷啦打雷啦，鸭宝宝们快快躲到荷叶下面不要被雨淋到。

教师用物体轻轻拍打幼儿头部，模仿雨滴。

（2）幼儿根据“荷叶”的方位，自行追寻“荷叶”躲雷雨。

三、雨过天晴，整理放松

引导幼儿坐下来进行放松。

教师引导语：听，小鸟出来了，雨过天晴啦，我们都被淋湿了，小鸭们快出来抖动一下小翅膀吧！

教师引导语：小鸭们今天闯过了好多难关，你们都变得很勇敢，妈妈为你们骄傲！快和鸭妈妈一起划着小船回家吧！

活动反思

在活动中，我仔细观察孩子们的玩耍，了解他们的活动和兴趣，从游戏中明白通过增加玩耍操作的材料和孩子的需要来进一步开发新的玩法，以确保游戏活动的重要性。变换游戏的方法能够增加幼儿对游戏的兴趣，能够慢慢地引导幼儿自己去发现、创造新的玩法。在体育活动中，教师的自我创新潜力是不容忽视的。只有不断提高自身的创新潜力，用创造性的教育思想武装自己，才能更好地来实施教育活动。在体育活动中，我们让幼儿自由选取同伴，让幼儿教幼儿，使他们在活动中能相互学习、相互交流、相互评价，让幼儿带着愉快的情绪参加体育活动。有了良好的情绪体验，幼儿活动的时间就会自然延长，从而提高了幼儿活动的持久性。

小脚的朋友

年龄段：小班

设计者：郭英莉（济南市章丘区东山实验幼儿园）

设计意图

小班是幼儿自理能力培养的关键期，《3—6 岁儿童学习与发展指南》在健康领域中指出：幼儿应具备基本的生活自理能力——在帮助下能穿脱衣服或鞋袜。因此我选择了本节活动，设置有趣的情景和游戏让幼儿在真实的体验中感受袜子、鞋子对保护小脚的重要性，产生保护小脚的意愿，在欢乐放松的氛围中学会穿脱鞋袜。

活动目标

1. 愿意和小朋友一起游戏，体验快乐。
2. 理解故事内容，知道小脚有很多作用，袜子和鞋子能保护自己的脚。
3. 学习穿脱鞋袜。

活动重难点

重点：体验光脚走路，产生保护小脚的意识。

难点：学会穿脱鞋袜。

活动准备

1. 草皮、石子小路、雪花片小路。
2. 多媒体课件《小脚的朋友》。

活动过程

一、快乐游戏，激发兴趣

1. 做“毛毛虫爬”的游戏，脱掉鞋子、袜子。

师：毛毛虫，爬呀爬，爬到了鞋子（袜子）上，快把鞋子（袜子）脱掉。毛毛虫，爬呀爬，爬到了脚趾上（脚心、脚背），数一数小脚趾（挠一挠、跺一跺）。

2. 小脚丫做游戏，知道小脚的好玩和有用。

师：小脚还可以做什么？

教师小结：小脚真有用！一起走走走（跑跑跑、跳跳跳）。

二、光脚走路，说一说小脚的感受

1. 光脚走一走三种不同的小路。

师：接下来让小脚带我们去小路上玩一玩吧！

教师小结：小脚带我们走过了草地、雪花小路和石子小路。

2. 说一说小脚丫的感受。

师：你们的小脚有什么感受？

教师小结：原来光脚走路小脚会觉得很扎、凉凉的，很硌脚，不舒服。

三、寻找保护小脚的方法

1. 自主思考保护小脚的方法。

师：小脚能带我们做这么多事情，光脚丫也很不舒服，我们要好好保护小脚，你知道什么办法可以保护小脚吗？

教师小结：穿鞋子、袜子可以保护我们的小脚。

2. 借助故事寻找答案。

师：我们都知道要保护小脚了，可是有个小朋友，光脚丫就跑到大马路上了，让我们看看发生了什么事。

教师根据故事内容提问：

（1）故事里的小脚丫丫有几个朋友？是谁呀？

（2）为什么鞋子和袜子能做小脚丫丫的好朋友？

（3）小脚丫丫离开朋友跑到马路上发生了什么事情？

（4）后来小脚丫丫找到朋友了吗？

师：光脚走路真凉呀！阿嚏阿嚏感冒了，小脚丫也破了，真疼呀！小脚丫丫知道错了，回到家就去找它的好朋友鞋子、袜子保护自己了。

四、借助儿歌学穿鞋袜

师：摸一摸，我们的小脚也露在外面呢，真凉呀！我们的小脚丫可不能离开好朋友，快让好朋友们在一起吧！

师幼边唱儿歌边穿鞋袜，教师适当帮助并检查幼儿有无穿反的情况。

五、自然结束

师：小鞋子和小袜子都穿好了，再让小脚舒舒服服地带我们玩一玩吧！

活动反思

在活动中，提问始终贯穿阅读教学活动的整个过程中，是帮助幼儿理解感受作品的重要手段。提问要有一定的策略，回应要准确，要提升幼儿的语言表达能力。问题要具体、明确，清楚自己为什么提问？通过提问要达到什么目的？幼儿会不会回应？会怎么回答？提问要简单，问题不要太复杂，也不要太多，要有针对性，要直观，尽量避免很宽泛的提问，比如在读封面的时候提问就要直接，你们看到了谁？他们在干什么？这样就非常具体，便于幼儿回答，也便于教师的进一步引导。

动一动真有趣

年龄段：小班

设计者：张延君（济南市章丘区东山实验幼儿园）

设计意图

本节活动是小班下主题五《健康歌》次主题《我运动》中的一节活动，小班的幼儿天生好奇好动，特别喜欢模仿动物的叫声和动作，根据幼儿的年龄特点，为此，设计了这节体育活动，让幼儿模仿长颈鹿、小鸟等几种常见的动物，并通过模仿小动物走路游戏，让幼儿感受运动带来的乐趣，从而增强了幼儿的体质。

活动目标

1. 通过模仿小动物的动作，体验运动的快乐。
2. 能根据儿歌内容快速反应做动作。
3. 知道运动能使人健康。

活动重难点

引导幼儿模仿小动物，并做出相应的动作。

活动准备

教学课件、音乐、两根平衡木、地垫若干。

活动过程

一、热身活动

1. 今天动物园的小动物要和小朋友们做游戏，我们一起出发吧！

播放《走路》——教师带幼儿走到动物园大门。（先走圆——模仿小

动物走路）

二、模仿小动物的动作

1. 导语：动物园到了，小动物说，要想进动物园，每人必须学一种小动物的样子，才能进门。我来学小兔子，你想学谁？快快商量一下。想好了吗？我们进门喽。（这一环，留给幼儿思考的空间，为下一个环节做铺垫）

2. 观看小动物的样子，并进行模仿。

（1）出示课件：长颈鹿

提问：哪种动物出来了？长颈鹿是怎么走路的？大家一起学一学。重点提示：长颈鹿的脖子。教师边说儿歌边做：我是一只长颈鹿，抬头挺胸走。

（2）猜一猜还会有谁来？（幼儿自由回答）

播放课件：小鸟。教师提问：学一学小鸟怎么飞？我们怎样才能像小鸟那样飞得高？重点提示动作：提踵和小碎步。教师说儿歌：我是一只小小鸟，飞呀飞得高。

（3）教师学大象甩着长鼻子的动作，幼儿观看并模仿。出示大象的课件。教师边说儿歌边做：我是一头小小象，甩着鼻子走。

（4）出示小兔的课件。教师提问：小兔是怎么走路的？幼儿一起学一学。提示：轻轻跳起、落下。教师说儿歌：我是一只小白兔，轻呀轻轻跳。

（5）听声音模仿小猫的动作，出示小猫图片。

教师说儿歌：我是一只小花猫，喵、喵、喵。

教师小结：小动物都到齐了，你们还记得都有谁吗？我要考考你们。我说到什么小动物，你们就模仿什么小动物的动作，看谁反应快。

（6）巩固练习：教师利用儿歌边说，幼儿边做动作。看谁反应快。

（以游戏的形式，看哪个幼儿反应较快，哪个幼儿反应慢，可以多做几遍）

（此环节充分利用看图片、猜一猜、做动作，听声音等不同的形式，调动幼儿的情绪，使其活跃起来，然后利用儿歌说一说，学一学，做一做使幼儿进一步模仿小动物走路的样子）

三、动物运动会

运动会开始了，小动物们也想请小朋友们，我们快快来参加吧。将幼儿分成男孩一组，女孩一组进行。

游戏1：小鸟飞（走平衡木）

这里有座小桥，我们学着小鸟的样子飞过去吧。

要求：低飞时张开双臂走，高飞时抬起脚后跟，双手高举走。

游戏2：大象走（绕小椅子走）

这里埋着很多的地雷，要绕过地雷走，踩到就会有生命危险。教师做示范。发现问题及时纠正。

要求：弯下腰，伸长鼻子，双手合拢，从慢到快。

游戏3：小兔跳（在地垫上跳）

看，前面是条小河，上面有很多的小石头，我们跳过去才能采到蘑菇。请两名幼儿示范。

要求：学小兔的样子，由近及远，地垫距离不断加大。

（此环节，鱼贯进行，层次分明，由上肢锻炼到下肢，速度由慢到快，活动量较大，教师要注意适时地调控孩子，及时纠正幼儿的动作）

四、放松活动

刚才我们玩了这么多游戏，小朋友们都出汗了，我们学着小乌龟的样子躺在地上休息一下吧。做拍拍胳膊，拍拍腿等动作进行放松。

提问：做完运动后身体感觉怎么样？（幼儿自由回答）

教师小结：小朋友们平时要多运动，这样才能长得高，长得壮，身体才更健康，我们跟小动物说：“再见。”回去喝点水为身体加加油吧。（教师带幼儿听音乐做动作走出动物园）

活动反思

在教学活动中，我们应努力让教育回归幼儿生活。以幼儿的生活经验为核心，与其他领域的学习有机整合在一起，引导幼儿发现和解决问题，提升相关经验，并逐步提高思维能力，感受学习的乐趣。在本次活动中，我比较喜欢放任孩子自主游戏，没有太多地去干预孩子们的游戏，因为我认为教师的角色就是定位于引导者、组织者，不应过多去干预，其他的任务都是应该让孩子们自主去完成，体现了游戏课堂的自主性、愉快性。

评析与建议

1. 活动优点

（1）主题明确，符合幼儿兴趣：活动设计紧扣小班幼儿的年龄特点，选择了他们感兴趣的主题——模仿小动物，通过模仿动物的动作和声音，使幼儿在游戏中体验运动的乐趣，达到了寓教于乐的目的。

（2）活动内容丰富多样：活动包含了热身活动、模仿小动物动作、动物运动会和放松活动等多个环节，每个环节都设计得生动有趣，能够吸引幼儿的注意力，激发他们的参与热情。

（3）注重幼儿全面发展：活动不仅锻炼了幼儿的身体，还通过模仿不同动物的动作，培养了幼儿的观察力和模仿能力。同时，通过游戏的形式，也锻炼了幼儿的反应能力和团队协作能力。

（4）教师角色定位准确：教师在活动中主要扮演了引导者和组织者的角色，没有过多地干预幼儿的游戏，让幼儿在自主游戏中得到发展，体现了游戏课堂的自主性和愉快性。

2. 活动不足

（1）时间分配需更加合理：在活动实施过程中，可能由于某些环节的时间安排不够合理，导致部分幼儿没有充分参与或体验游戏。因此，在未来的活动中，教师需要更加注重时间分配，确保每个幼儿都能充分参与游戏。

（3）教师观察需更加细致：在活动过程中，教师需要更加细致地观察幼儿的表现和反应，以便及时发现并解决问题。例如，在模仿动物动作时，教师需要观察幼儿的动作是否准确、协调，以便及时给予指导和纠正。

3. 改进建议

在未来的活动中，教师可以根据幼儿的实际情况和兴趣点，进一步优化活动设计，使活动更加符合幼儿的发展需求。在活动准备阶段，教师可以更加充分地准备辅助材料和道具，以增加活动的趣味性和吸引力。在活动过程中，教师需要更加注重指导幼儿，帮助他们更好地掌握动作要领和游戏规则，提高游戏的参与度和效果。

小猴摘桃

年龄段：小班

设计者：宋乐乐（济南市章丘区东山实验幼儿园）

设计意图

幼儿园健康教育是要根据幼儿身心发展的特点，运用多种活动形式，提高幼儿对活动锻炼的兴趣。《幼儿园教育指导纲要（试行）》指出：“要用幼儿感兴趣的方式发展基本动作，提高动作的协调性、灵活性；要根据幼儿的特点组织生动有趣、形式多样的体育活动，吸引幼儿主动参与。”富有角色扮演和闯关形式的体育活动是幼儿十分感兴趣的，此类运动不仅能发展幼儿走、跑、跳、平衡等能力，对其非智力因素的发展也具有潜移默化的影响。针对小班幼儿对此类活动的兴趣点和需要，特设计此类活动，以练习幼儿的基本动作为主，提高幼儿的运动能力，使幼儿在小猴子摘桃的运动中体验到快乐。

活动目标

1. 喜欢参加体育活动，体验和同伴一起游戏的快乐。

2. 认知目标：掌握平衡及钻爬的技能，在游戏中敢于接受挑战。

3. 能力目标：能够在宽 25—30cm 的平衡木上平稳地走上走下，高 10—15cm 的拱形门下钻来钻去，巩固能力的发展。

活动重点

能够在宽 25—30cm 的平衡木上平稳地走上走下，高 10—15cm 的拱形门下钻来钻去。

活动难点

掌握平衡及钻爬的技能。

活动准备

物资准备：宽 25—30cm 的平衡木 2 块、高 10—15cm 的拱形门 2 个、小猴头饰 17 个、桃树 3 棵、小筐子 3 个。

经验准备：幼儿已有走钻爬平衡木的经验。

活动过程

一、游戏导入，激发兴趣

教师带领幼儿进行热身运动，活动身体，为游戏环节做准备。

教师引导语：猴宝宝们，小东山的桃树上结出了又大又甜的桃子，你们想吃吗？但是通往小东山的路有很多机关，你们还敢去吗？我就知道你们是最勇敢的，上山之前先跟着猴妈妈一起来活动一下身体，这样我们才能有力气闯关！

幼儿在教师的带领下，做钻、爬等动作提前感知。

二、创设关卡，练习本领

1. 安全钻山洞

教师引导语：宝宝们，前面有许多的山洞挡住我们了，我们该怎样安全地通过呢？

（1）请幼儿自由探索安全过山洞的方法。

（2）个别幼儿示范钻爬的动作要领。

（3）小猴集体勇敢过山洞。

2. 平稳过独木桥

教师引导语：宝宝们看，前面有两个独木桥，下面的河水非常深，我们该怎么过桥呀？

（1）请幼儿自由探索平稳过桥的方法。

（2）个别幼儿示范走平衡木的动作要领。

（3）小猴集体勇敢过独木桥。

三、游戏：小猴摘桃

游戏规则：安全通过两个机关去山坡上摘桃子，一次只能摘一个，摘完桃子从一侧返回队伍最后面放到筐子里，在跑的过程中要保护好自己和桃子，音乐结束时，游戏结束。

四、放松活动

猴妈妈和小猴子坐在独木桥上一起品尝美味的桃子，互相捶捶背，捏捏腿。

活动延伸

教师引导语：过几天哥哥姐姐们要去秋游啦，我们快把摘到的桃子分享给他们吧！

活动反思

针对幼儿的年龄特点和身体素质，我们需要合理设置钻爬障碍的难度，让每个孩子都能在挑战中体验到成功的喜悦。在活动前，我对钻爬障碍进行仔细检查，确保没有安全隐患。同时，在活动过程中，教师要密切关注孩子们的安全状况，及时提醒他们注意动作要领。通过对本次小班钻爬体育技能训练活动的反思，我们认识到了活动中的不足和需要改进的地方。在今后的体育活动中，我们将更加注重活动的细节和安全保障措施，合理设置难度梯度，关注个体差异，为孩子们提供更加丰富多彩、安全有效的体育训练活动。同时，我们也将继续探索更多有趣、有益的活动形式，激发孩子们的运动兴趣，促进他们的健康成长。

中班(4—5岁)

我们爱运动

年龄段：中班

设计者：李伟（济南市章丘区东山实验幼儿园）

设计意图

《我们爱运动》选自中班下学期主题三《春天来了》次主题二《天气变暖了》一节健康活动。《3—6岁儿童学习与发展指南》健康领域“生活习惯与生活能力”目标1“喜欢参加体育活动”教育建议指出：激发幼儿参加体育活动的兴趣，养成锻炼的习惯。第一，当今孩子的身体素质普遍较差，肥胖幼儿数量逐年增加，培养运动兴趣，加强体育锻炼刻不容缓；第二，在近期户外游戏中，我发现幼儿运动能力差异巨大，能力强的孩子可以灵活上下攀登架，而缺乏运动锻炼的幼儿只能“望架兴叹”，即使借助梯子上去也需要老师帮助才能下来；第三，健康教育的实质是生活教育，具有幸福感的老师才能教出具有幸福感的儿童，我们无法改变别人，但我们可以影响别人。作为热爱运动并因此受益的我，通过运动影响带动身边的朋友和班上老师参与运动，也希望幼儿在同伴和老师的影响带动下，爱上运动并做出行动。计划是行动的第一步，本次活动目标是让幼儿了解运动对身体的好处，学会制定简单的运动计划表，养成良好的运动习惯。春天是幼儿生长发育的黄金季节，希望幼儿、家长、老师开启“热辣滚烫”模式，全民健身一起动起来。

活动目标

1. 感受运动的快乐，了解多运动对身体的好处，能用简单的符号、图案、数字等制作周运动计划表。

2. 喜欢参加体育锻炼，养成爱运动的好习惯，带动全家一起锻炼。

重点：感受运动的快乐，了解运动对身体的好处，喜欢运动并制订简单的运动计划。

难点：能用简单的符号、图案、数字等制作运动计划表，并说出它们代表的意思。

活动准备

1. 提前了解各种运动以及好处，丰富认知经验。

2. “怦怦的运动计划表”1 张；“幼儿运动计划表”幼儿每人 1 张。

3. 课件。平时拍摄班上运动能力强幼儿的视频。

活动过程

一、情景激趣，体验运动

创设去森林探险的情景，教师带幼儿跟视频做预防肥胖体操，体验运动的快乐，了解预防肥胖的重要性。

二、故事讲述，了解运动

1. 看视频《怦怦的故事》，了解经常不运动带来的危害和运动对身体的好处。

2. 介绍班上的几位运动高手，视频展示他们的运动本领，用身边的榜样去激发幼儿参与体育锻炼的积极性。

3. 展示平时幼儿运动的照片，激发他们制订运动计划的意愿。

三、制订计划，合理运动

1. 出示怦怦的运动计划表，引导幼儿交流讨论：计划表上有什么？代表什么意思？这是几天的运动计划？

2. 请幼儿说说自己看懂的部分，看不懂的部分提出来大家一起讨论。

3. 教师小结：运动计划表上有日期、运动时间、运动时长或者个数等内容。每周有一到两天休息日，可以用自己喜欢的方式来表示。

4. 幼儿制订自己的一周运动计划，教师巡回指导。

5. 请幼儿分享自己的运动计划，教师和其他幼儿一起分析评价计划的完整性和可行性，提醒幼儿注意运动时的安全。

四、全民动员，一起运动

1. 教师分享自己的运动经历和感受，引导幼儿认识到运动不仅可以改变自己，还可以影响带动身边的人。

2. 请幼儿邀请老师或好朋友一起做长高体操，一起感受运动带来的激情和欢乐。

活动延伸：分享运动后的感受，鼓励幼儿回家和爸爸妈妈一起制订家庭运动计划，全家一起动起来。

活动反思

在本次活动中，我巧妙利用非言语交际手段，调动了孩子们的用心情绪。对于这种方法，我们还能够将其运用到平时生活教育中。久而久之，孩子们习惯并能正确地领会其中的暗示，自觉、愉快地调整自我的行为。我预设的目标大部分小朋友都完成了，在幼儿操作的过程中也做到了人手一份，让每位幼儿都能操作起来。但是也有不足的地方：我应该在提供给幼儿材料的时候，加大难度，投放更多的材料，让幼儿从很多材料中去探索寻找和操作。

勇敢过桥

年龄段：中班

设计者：张博文（济南市章丘区东山实验幼儿园）

设计意图

《勇敢过桥》是幼儿用书中班下主题五次主题一中的一节健康活动。《3—6岁幼儿学习与发展指南》中指出，在健康领域的动作发展方面，幼儿需要具有一定的平衡能力，动作要协调、灵敏，能在较窄的低矮物体上平稳地走一段距离。走平衡木可以很好地发展幼儿的身体平衡能力，提高动作协调性，对中班幼儿来说，并不是很困难的事，但在平衡木上变换动作走却有一定的难度。传统的体育训练方式会使幼儿觉得枯燥无味，失去了对体育锻炼的兴趣，所以本次活动的设计体现了创新性体育游戏的活动特点，整个过程由易到难，由简单到复杂，循序渐进，利用闯关游戏贯穿活动，引领幼儿体验体育游戏的快乐的同时，提高了他们身体动作的协调性与灵活性，培养了他们战胜困难的勇气。

活动目标

1. 有战胜困难的勇气，体验游戏的快乐。
2. 能力目标：发展身体的平衡和协调能力。
3. 知识目标：能在平衡木上变换动作走。

活动准备

1. 高25厘米、宽20厘米的平衡木4根。
2. 羊角球1个、红旗1个、金箍棒2个、呼啦圈1个、自制套圈1个。
3. 律动音乐。

活动重点

能在平衡木上变换动作走，发展身体的平衡和协调能力。

活动难点

有战胜困难的勇气，体验游戏的快乐。

活动过程

一、游戏导入，激发兴趣

1. 教师带领幼儿做热身运动，做好游戏前准备。

教师引导语：孩子们，听说你们是最勇敢、最聪明的孩子，那敢不敢和老师玩一个闯关的游戏？游戏之前先让我们一起来活动一下吧！

二、游戏环节，分层练习

1. 师幼讨论游戏规则

（1）要注意安全，不可以推挤别人。

（2）如果闯关中掉下桥，要回到起点，重新开始。

第一关“看谁站得稳”。

教师用羊角球和布作为道具去触碰幼儿身体，锻炼幼儿在平衡木上的稳定能力。

2. 第二关“挑战障碍物”

教师出示金箍棒和呼啦圈，通过金箍棒和呼啦圈变换不同的高度及角度，引导幼儿在平衡木上变换动作走，发展幼儿的身体平衡能力。

3. 第三关“快快跑，躲圈圈”

教师出示自制套圈，通过游戏的方式，用圈去套幼儿身体，提高幼儿快速过平衡木的能力。

4. 第四关“躲避闪电球”

教师出示闪电球，通过躲避闪电球走平衡木的闯关形式，让幼儿身体的平衡和协调能力得到进一步发展。

三、分享交流，梳理总结

师幼分享游戏感受，鼓励幼儿形成战胜困难的勇气，体验游戏的快乐。

教师引导语：

（1）闯关成功，你们觉得开心吗？

（2）小朋友们刚才用什么动作闯关成功的？

（3）如果下次再闯关还能不能尝试更多的动作来通过平衡木？

放松活动：

教师带领幼儿随音乐放松身体，调整呼吸，做好运动后的拉伸。

活动反思

在活动前通过跟我学动作让小朋友的手指、手臂、膝盖、脚踝、腰得到充分准备，从小养成运动前先热身的习惯。在实际过程中有的小朋友会表现自己特有的动作，很有想象力、创造力，如单脚跳等，应及时鼓励但要注意安全。

百变金箍棒

年龄段：中班

设计者：宋波晓（济南市章丘区东山实验幼儿园）

设计意图

中班幼儿正处于身体快速发展和动作技能提升的关键时期，他们对新奇事物充满好奇，喜欢模仿和尝试不同的运动方式。本次活动以“百变金箍棒”为主题，旨在通过模仿孙悟空的金箍棒，激发幼儿对体育活动的兴趣，培养他们的创造力、想象力和团队合作能力。通过探索金箍棒的多种玩法，幼儿可以在游戏中锻炼身体的协调性、灵活性和力量，同时培养勇于挑战、不怕困难的品质，享受运动带来的乐趣。

活动目标

1. 勇于挑战、不怕困难，并在活动中体验一物多玩的乐趣。
2. 能够创造出玩金箍棒的多种方法。
3. 利用金箍棒练习跳、跨、跑等多种运动技能。

活动重难点

重难点：探索金箍棒的多种玩法，练习跳、跨、跑等多种运动技能，并尝试挑战高度。

活动准备

经验准备：幼儿基本的运动技能，自我保护的意识和常识。

物质准备：金箍棒若干、音乐、海底神针。

活动过程

一、导入——热身运动（播放《猴哥》）

指导语：小朋友们，想不想跟我齐天大圣孙悟空去花果山？在路上或许有很多挑战，你们有没有信心呢？好，出发。

火眼金睛、一飞冲天、乾坤大挪移、极速前进。

二、引导幼儿探索金箍棒的多种玩法，并及时与同伴进行分享交流

指导语："小朋友们，你们知道齐天大圣神奇的宝贝叫什么吗?"幼："金箍棒。"

提问：今天邀请大家一起想一想金箍棒除了降妖除魔还能怎么玩?

要求：

（1）注意安全保持距离，保护好自己，同时也不要伤害别人。

（2）可以一个人玩，也可以多个小朋友一起合作来玩，看谁的玩法最多。

1. 自由玩金箍棒，探索不同玩法

指导语：现在请孩儿们一人取一根金箍棒，找合适的地方玩一玩，开始吧!

2. 分享交流，共享玩法（教师巡回观察指导）

提问：谁能分享一下你的玩法?

指导语：我发现有小朋友的玩法很特别，现在请他来展示一下，大家一起学学他的玩法。寻找几名幼儿展示他们的玩法。

小结：刚才小朋友想出来很多玩法，可以抛接，可以转着玩，可以骑着玩，还可以摆出造型跳着玩。

三、游戏：巧渡通天桥

指导语：可是在我们去花果山的路上遇到了一个问题，你们看前方没有道路了。请小朋友想想办法，我们需要怎么做？好，咱们男生一队、女生一队来个比赛，看哪队搭建得又快又好。

1. 分小组用金箍棒拼摆造型，如“田”字、“工”字图形等。

2. 集体尝试利用造型做运动，如跳、跨、开合跳等。

3. 男生女生展示自己的玩法。

4. 一起巧渡通天桥。

四、游戏：海底神针

指导语：金箍棒可以变小也可以变大。请小朋友们将你们的金箍棒变成一个大圆圈。在我把金箍棒变大之前，所有人站在圆圈中，闭上眼睛，一起喊金箍棒变变变。

1. 游戏形式：全体幼儿集体参与。

2. 要求：将金箍棒围成一个大圆圈。游戏中海底神针会转动，幼儿不被海底神针碰到，也不出圆圈并处于运动中。若出圆圈或碰到，请幼儿大声数十个数字回归游戏。游戏中，大圆圈有缺口，请小朋友及时用金箍棒补好。

3. 动作要领：处于运动状态，可以跳、可以爬、可以跨、可以跑等。

五、放松活动

1. 指导语：孩儿们，活动了一会身体，你们感觉怎样？

小结：虽然现在天气越来越冷了，孩儿们也要天天坚持锻炼身体，这样我们的身体才越来越棒。今天祝贺所有孩儿们登上了花果山，通过运动，我们获得了健康、勇气和自信。也请在以后的生活中保持勇于挑战、不怕困难的精神，相信你们越来越棒！

2. 身体放松

真气收回——全身放松

切面——手臂和腿部肌肉放松，躺在地上一起休息，一骨碌爬起来整理衣服（放配乐《白龙马蹄儿朝西》）。

起立结束：孩儿们咱们一起骑上“白龙马”去看望师傅吧。

活动反思

本次“百变金箍棒”体育活动在中班幼儿中取得了显著的效果，不仅激发了幼儿对体育活动的浓厚兴趣，还促进了他们身体协调性、灵活性和力量的发展。以下是对本次活动的详细反思：

一、活动亮点

1. 创意玩法多样：幼儿在活动中展现出了极高的创造力和想象力，他们不仅模仿了孙悟空的经典动作，还开发出了多种金箍棒的玩法，如抛接、旋转、跳跃、搭建等，极大地丰富了活动内容。

2. 团队合作默契：在“巧渡通天桥”和“海底神针”等游戏中，幼儿们通过分工合作，共同完成了任务，培养了他们的团队协作能力和集体荣誉感。

3. 挑战与乐趣并存：活动设置了不同难度的挑战，如搭建复杂的图形、在移动中保持平衡等，既满足了幼儿的好奇心和探索欲，又让他们在挑战中获得了成就感。

4. 安全意识增强：在活动过程中，教师不断提醒幼儿注意安全，保持适当距离，避免了意外伤害的发生。同时，幼儿也学会了在运动中保护自己，增强了安全意识。

二、不足之处

1. 时间分配不均：在探索金箍棒玩法的环节，部分幼儿因为过于投入而占用了较多时间，导致后续的游戏环节时间略显紧张。未来在活动中应更加注意时间分配，确保每个环节都能充分展开。

2. 个别幼儿参与度不高：少数幼儿在活动中显得较为被动，参与度不高。这可能与他们的性格、兴趣或身体状况有关。未来应更加关注这些幼儿的需求，提供更适合他们的活动内容和方式。

3. 器材准备不足：虽然金箍棒的数量足够，但在某些游戏中，如“海底神针”，由于圆圈的大小和形状限制，部分幼儿未能充分参与。未来应提前准备好更多样化的器材，以满足不同游戏的需求。

三、改进建议

1. 优化时间管理：在活动前制订详细的时间计划，确保每个环节都能在规定时间内完成。同时，在活动中灵活调整时间分配，以适应幼儿的实际情况。

2. 增强个别指导：对于参与度不高的幼儿，教师应给予更多的关注和鼓励，引导他们积极参与活动。同时，可以提供个性化的活动建议，以满足他们的兴趣和需求。

3. 丰富器材种类：根据活动的需要，提前准备好更多样化的器材，如不同长度、形状和材质的金箍棒，以及用于搭建和装饰的辅助材料。这样可以增加活动的趣味性和挑战性，吸引更多幼儿参与。

大班（5—6 岁）

勇敢的小兵

年龄段：大班

设计者：韩琳（济南市章丘区东山实验幼儿园）

设计意图

本次活动是在孩子们对解放军叔叔的崇拜感下启发的。在进入大班后，孩子们的基本动作有了进步，随着体育活动的开展，幼儿的参与性有了提高。他们敢于尝试、探索各种动作，他们喜欢有挑战、有刺激的游戏。《纲要》中指出：幼儿应大胆地进行各种身体运动，喜欢和自己的小伙伴进行玩耍，并具有调整自己身体运动的能力。出于孩子们的动机、兴趣和我班孩子的特点，让孩子参与到这个活动中。整个活动体现了趣味性，以幼儿最喜爱模仿的人物“解放军”为主线创编的带有故事情节的体育游戏，情趣盎然，其乐无穷，而且强调体智结合。幼儿根据小兵要爬过电网的意图，积极开动脑筋，怎么样让自己匍匐前进时又快又安全。既能锻炼身体，又能开发智力，同时体验了成功的快乐。

活动目标

1. 练习手膝着地匍匐爬，复习肩上投掷的动作，发展幼儿动作的协调性和敏捷性。

2. 培养幼儿勇敢、不怕困难的良好品质和遵守游戏规则的习惯。

活动准备

1. 平衡木、轮胎、缓冲垫、皮筋。

2. 细心布置场地。

活动过程

1. 准备活动

幼儿自由进入场地，听信号迅速站成一列纵队，立正——稍息，踏步切分走成四队，面向老师。告诉幼儿，今天我们来做个“学习解放军做个小小兵”的游戏。老师是指挥员，小兵们可要听指挥，我们先把本领练好。瞄准射击——上肢运动，装弹开炮——下蹲运动，望远瞭望——体转运动，骑马——原地跑。我们的小兵真能干，本领练得都很不错。

2. 开展游戏

（1）激发幼儿的游戏兴趣。

师：刚刚我们的侦察员发现了敌人的军火库，里面有许多的炸药，我们今天必须炸毁它。可是敌人的军火库装了电网，只要有人碰到它就会被敌人发现，我们也会被电死。我们怎么才能安全地过去呢？（幼儿讨论，总结出：爬过去更安全些）

（2）讲解示范。

师：你们会爬吗？是怎么样爬的？（请个别幼儿示范）他这样能过去吗？怎么爬我们的身子会最挨近地面？

老师示范：两手着地匍匐前进，注意两腿要向前移动。

（3）分四组练习，老师指导。

第一次练习提醒幼儿注意要把整个身子放平。

第二次要求注意协调四肢的动作，想想解放军叔叔打仗时是怎么样的？

再次练习时注意速度要迅速、灵活。

（4）复习匍匐前进：我们的安全线离火药库有一段距离，我们怎样通过呢？带领孩子复习一遍，组织幼儿游戏。

示范游戏过程：从起跑线出发，走过独木桥，跨过高 30 厘米的

“墙”，匍匐前进过电网，跑到投掷线，从地上取一个牛奶瓶（手雷）使用肩上挥臂投掷的方法击中军火库。

四组幼儿合并两组站在起跑线后，指挥员下令：“勇敢的小兵们快出发!”幼儿便依次走过独木桥，跨过高30厘米的“墙”，匍匐前进过电网，用手雷击中军火库。提醒幼儿注意安全，要一个接着一个，以免发生险情。

（5）炸掉军火库后把红旗插上去，一起庆祝胜利。幼儿随音乐有意识地跳一跳、甩甩手、转转圈、拍拍手。(放松运动)

3. 讲评游戏情况：今天我们的小兵真勇敢，克服困难完成了任务，真是了不起。

活动反思

我分三个层次开展活动：

1. 发现新玩法，提出新要求。

2. 请幼儿示范方法，说说两个人是怎么合作的。

3. 再次游戏，完成任务。

自主探索是最重要的环节，解决到位才能为后面的多人合作奠定基础，否则会频频发生翻船现象。在第一环节，重点让幼儿听清要求。记清楚匍匐前进的要点。第二环节，大家一起尝试，请幼儿进行演示，大家一起说说看到的方法。这个环节可以让孩子们在原地学一学、试一试，教师小结的语言要精练，如“屁股放下去、眼睛向前看”。

勇闯鳄鱼湖

年龄段：大班

设计者：张延君（济南市章丘区东山实验幼儿园）

设计意图

幼儿免疫力较差，在日常生活中，可以通过多组织幼儿进行体育锻炼来增强幼儿的免疫力，所以我设计了此活动，锻炼幼儿走、跑、跳、钻爬、过障碍的能力，增强大班幼儿的运动能力和运动素质，同时培养幼儿的合作能力。

活动目标

1. 练习助跑跨跳过宽 50—80 厘米的“小河”，掌握助跑跨跳的动作要领。

2. 能用助跑跨跳的动作挑战不同距离、高度的障碍，提高动作的协调性。

3. 遵守游戏规则，体验与同伴共同游戏带来的愉悦，遇到困难勇于克服不气馁。

活动重难点

1. 重点：练习助跑跨跳过宽 50—80 厘米的“小河”，掌握助跑跨跳的动作要领。

2. 难点：能用助跑跨跳的动作挑战不同距离、高度的障碍，提高动作的协调性。

活动准备

1. 鳄鱼障碍 5 个、音乐、森林动物背景、大鳄鱼服饰。

2. 场地中间画有两条线，固定两点，其余两点可拉伸调整，最宽的地方为 80 厘米，最窄的地方为 50 厘米，也可根据幼儿实际情况进行调整。

活动过程

一、创设情景“动物运动会”，带领幼儿进行热身准备活动孔雀问好（踝关节运动）、长颈鹿（头部、体侧运动）、大象喝水（俯背运动）、千里马热身（腿部运动）。

二、挑战跨跳游戏跨小河，幼儿掌握助跑跨跳的动作要领。

情景一：教师扮演“羚羊妈妈”和“小羚羊”，幼儿自主探索过河方式，了解不同的跳跃方式，重点练习羚羊助跑跨跳过50cm宽的小河。

小结动作要领：羚羊妈妈要过河，身体向前冲冲冲，前腿大步向前跨，后腿用力往下蹬，宽宽的小河我不怕。

幼儿分组尝试练习，巩固助跑跨跳动作技能。

动作提示：跑跑跑——跳！

情境二：下雨了，小河的水越来越多，河变宽了。拓宽跨跳距80cm，提升游戏难度。

讨论：想要越过变宽的小河我们需要注意什么？怎样能跳得更远？邀请个别幼儿尝试体验。

幼儿分组依次尝试，个别指导挑战失败的幼儿，互帮互助，巩固动作要领。找准起跳点，冲向落脚点（河对面）。

三、游戏“勇闯鳄鱼湖”，设置不同的游戏难度，巩固助跑跨跳的动作要领。

在80cm宽的小河内增加多个不同高度的“鳄鱼”障碍物。

引导语：小羚羊要采集河对岸青草做点心，可是鳄鱼游到河里了，我们要怎样安全快速地过河呢？

活动反思

活动设计符合大班幼儿兴趣特点，从模仿小动物出发展开游戏的各环节，使幼儿在快乐的游戏情景中自然掌握各项运动技能，体现了游戏性；幼儿在活动过程中，动作从易到难，由浅入深，层层递进，环环相扣，体现了递进性；游戏进行中幼儿团结协作，培养幼儿的合作能力，提高幼儿身体的协调性和灵活性。

小猴投篮

年龄段：大班

设计者：王鹏（济南市章丘区东山实验幼儿园）

设计意图

《小猴投篮》这一活动的设计初衷是激发幼儿对运动的浓厚兴趣。随着“文化大观园”主题活动的深入，“齐天大圣”的形象已扎根于幼儿心中，基于此我们精心设计了“小猴投篮”的游戏，以增强活动的吸引力和趣味性。

活动重点围绕纵跳触物展开，通过反复练习，幼儿的腿部力量得以增强，弹跳能力获得提升，身体的协调性与灵敏性也能得到良好发展。而且，在充满乐趣的游戏过程中，幼儿需要遵循规则，这会让他们在不知不觉中形成社会规则意识，这完全符合《3—6 岁儿童学习与发展指南》中健康领域的目标要求，为幼儿平衡、协调、灵敏等能力的发展添砖加瓦。我们期望通过这样的活动，让幼儿在快乐中锻炼，在锻炼中茁壮成长。

活动目标

1. 掌握原地纵跳触物时垂直上跳、下落屈膝缓冲的动作要领。

2. 能尝试挑战 150—200 厘米高度的篮板，提高原地纵跳触物的能力。

活动重点

掌握原地纵跳触物的动作要领。

活动难点

提高原地纵跳触物的能力。

活动准备

1. 篮板 4 块（纵跳触物用）、各色篮球贴纸（5 平方厘米）适量、健身操音乐。

2. 幼儿了解有关篮球投篮的运动知识。

3. 不同高度的篮板及篮球若干等。

活动过程

一、热身活动，激发兴趣

师：猴宝宝们，今天猴妈妈要带你们做一项运动。做运动之前我们先一起锻炼一下！你们知道哪些运动项目？

教师带领幼儿做体侧、扩胸、体转、弯腰、跳跃等动作。

（评析：创设情景，通过“幼儿知道的运动项目”引入主题，调动幼儿的积极性，并将各项运动融合到准备活动中，进一步激发幼儿的兴趣）

二、出示篮板，初步感知

1. 引出纵跳游戏，幼儿初步体验纵跳触物的动作要领

师：看！今天我们要做的运动是什么？今天我们来比一比哪个小猴跳得最高，来一次投篮大赛。

2. 交流动作要领，引导幼儿自己总结纵跳触物的经验

师：我们来请最高的小猴介绍一下经验！

（评析：在本环节中，通过“篮球小贴纸”游戏，让所有幼儿对纵跳触物有初步的了解，根据幼儿跳起来贴的篮球高低，引导幼儿自己总结动作要领，为后面的环节做好铺垫）

三、总结要领，不断挑战

1. 教师总结纵跳触物的动作要领

动作要领：双脚脚掌用力蹬地垂直向上跳，掌握用手触物的时机，落地时要屈膝缓冲。

2. 幼儿再次练习，不断挑战新高度

根据幼儿水平，4 个篮板分别由低到高设定不同的高度，幼儿鱼贯进行纵跳练习。

师：猴妈妈这次在每个篮板都设了不同高度线，请小猴们一个跟着一个都去尝试一下，挑战不同的高度。

（评析：通过上一环节后，教师总结动作要领。接下来的游戏中，教师设定 4 种不同的高度，让幼儿根据自己的水平挑战不同高度的篮板，以此进一步掌握动作要领，增加了趣味性，为接下来的游戏埋下伏笔）

四、参与游戏，巩固练习

1. 介绍游戏玩法，激发幼儿兴趣

师：我们要进行投篮比赛，猴妈妈先来介绍游戏玩法：请小猴们迅速跑到球篮这拿一个小球，拿到小篮球到篮板下纵跳投进篮筐，投完后再把小球捡回放在球篮里，再迅速返回。

2. 幼儿分组练习，熟悉游戏玩法

请幼儿根据自己的情况选择适当高度的篮板，幼儿鱼贯式练习，进一步掌握原地纵跳触物时垂直上跳、下落屈膝缓冲的动作要领。

3. 幼儿竞赛游戏，提高动作能力

请幼儿选择比赛的篮板，分组进行竞赛，提高不同幼儿原地纵跳触物的水平。

（评析：通过竞赛的形式更加调动了大班幼儿的积极参与性，在本环节游戏中还根据幼儿的不同水平准备了 4 种等级的篮球架，幼儿在自选难易不同的篮板的同时做到了分组游戏，这也是本节活动中最精彩的部分）

五、游戏结束，整理放松

师：小猴子们都出了很多汗，我们一起到水帘洞洗个澡。

利用“水帘洞”的情景，水滴滴到身上不同部位，通过擦汗、洗澡、按摩、挠痒痒等动作进行身体的放松。

（评析：首尾呼应，在情景中和幼儿一起做放松活动，再通过一些情景想象让孩子们做一些伸展放松的动作，做到全身放松）

教师反思

在本次“小猴投篮”的健康活动设计与实施中，我始终以《3—6岁儿童学习与发展指南》中健康领域的目标为指引，将情景教学贯穿始终。通过“齐天大圣”的角色设定，极大地激发了幼儿的参与热情。活动环节的设置充分考虑了幼儿的身心发展特点，由易到难，循序渐进。从初步感知纵跳触物，到总结要领、不断挑战新高度，再到参与游戏巩固练习，每个环节都紧密相连。材料的投放也充分尊重了幼儿的个体差异，不同高度的篮板让幼儿能够根据自身能力自由选择，真正做到因材施教。游戏竞赛的形式更是增强了活动的趣味性和挑战性。

德育方面，活动中的分组竞赛和相互交流，培养了幼儿的团队合作精神和竞争意识，让他们学会尊重他人。智育上，幼儿在探索纵跳触物技巧、选择适合自己的篮板高度时，锻炼了思考和判断能力。

体育自然是重点，如原地纵跳等动作有效增强了幼儿的腿部力量、弹跳能力及身体协调性。审美教育融入有趣的情景和色彩鲜艳的道具中，激发幼儿对美的感受。劳动教育体现在活动结束时幼儿整理器材，养成良好劳动习惯。

但此次活动也有不足，比如可以增加幼儿参与道具准备环节，强化劳动教育。在游戏过程中，更多引导幼儿描述自己的感受和发现，深化智育。总之，要不断完善，让五育在《小猴投篮》中更完美融合，促进幼儿全面发展。

小马过河

年龄段：大班

设计者：谢晓萌（济南市章丘区东山实验幼儿园）

设计意图

教材分析：基于主题背景《我是大班哥哥姐姐》次主题《我在长大》，幼儿升入大班后发生了很多变化，成为幼儿园的哥哥姐姐。幼儿长大的过程蕴含着许多兴奋和喜悦，也潜藏着许多教育的契机。

学情分析：在日常体育运动体能大循环中，发现跳跃是大班孩子比较喜欢的动作，不过跨跳的能力掌握度还须进一步提高，恰巧助跑跨跳过一定距离的障碍物能使他们获得充足自信。

本节课以故事《小马过河》为背景，创设“小马长大了能帮妈妈做事情”的游戏情景，环节设计层层递进，通过尝试、模仿、练习，在活动中让发展水平不一的幼儿，在助跑跨跳的能力方面得到各自最大的发展。

活动目标

1. 情感目标：乐于参与体育游戏，体验游戏的乐趣。
2. 能力目标：练习助跑跨跳过一定距离的平行线。
3. 认知目标：掌握助跑跨跳的动作要领，锻炼身体的协调性。

活动重点

探索并尝试掌握助跑跨跳的动作要领。

活动难点

正确掌握助跑跨跳的动作要领。

活动准备

1. 物质准备

小粮袋若干、绳子两根、梅花桩若干、粮仓储物箱、贴有大鳄鱼的纸箱、PPT 课件。

2. 经验准备

了解故事《小马过河》。

活动过程

一、创设情景、通过准备活动热身

创设“小马长大了，跟着妈妈学本领”的游戏情景，带领幼儿做走、跑、跨跳的动作活动全身。

二、利用粮袋引导幼儿自主探索助跑跨跳的动作要领

1. 探索原地跨跳，掌握跨跳的动作要领

（1）引导语：小马们，刚才我们都练习了哪些本领？

以小粮袋为障碍物，引导幼儿尝试跨跳的本领。

（2）创设小河的游戏情景，引导幼儿探索并掌握跨跳的动作要领。

引导语：宽宽的小河你们还能跨过去吗？请你们去试一试吧。

组织幼儿探索练习并分享经验。老师示范讲解：前腿大步迈、后腿用力蹬，就能轻松地跨过去了。

2. 通过情景探索助跑跨跳的动作要领

（1）引导语：小河变得更宽了，想想办法怎样才能轻松地跨跳过去呢？

组织幼儿自主探索练习并分享经验。老师示范讲解：原来跑能够帮助我们跨得更轻松、更远。

（2）引导语：那我们应该怎样跑呢？跑多长的距离合适呢？

请幼儿尝试并分享。老师小结：原来快速跑并且把握好合适的距离才能让助跑跨跳这个动作完成得更好。

（3）再次组织幼儿尝试，老师注意观察，指导个别幼儿助跑跨跳的动作。

三、创设“小马运粮”的游戏情景，反复巩固练习助跑跨跳

1. 通过游戏“小马跨小河”，反复练习动作

引导语：小马们，你们的本领都练得很棒了，让我们去帮妈妈运粮吧。

老师介绍游戏玩法：要先跨过小河，绕过小树桩，再从两边绕回来。

游戏规则：当第一匹小马跨过小河之后第二匹小马再出发。

组织幼儿反复练习，老师观察幼儿的动作掌握情况。

2. 创设小河变宽的情景，再次巩固练习助跑跨跳的动作

引导语：我们的小河变宽了，而且两边宽窄不同，你们可以选择适合自己的，也可以挑战有难度的，三秒钟时间做选择并调整队伍。

组织幼儿反复练习，老师观察幼儿情况，引导幼儿自主进行评价，帮助同伴解决问题。

3. 增设“大鳄鱼”的情景，尝试障碍物变高的跨跳动作

引导语：这次在小河的那边有两只大鳄鱼，请你跨过小河之后再跨过鳄鱼，千万不要踩到大鳄鱼哦。

组织幼儿练习，老师重点鼓励幼儿大胆尝试。

四、利用粮袋做放松活动

引导语：小马们，经过我们的努力终于跨过了小河，又跨过了大鳄鱼，你们真是太棒了。让我们拿着小粮袋放松一下身体吧。

老师带领幼儿用粮袋敲一敲、锤一锤身体各部位，放松身体各部位。

请小马们一起把粮袋放到粮仓，结束课程。

活动反思

本节活动中，教师以一个活动的发起者和参与者引导幼儿共同探索助跑跨跳的方法，形成了轻松、愉快的氛围。到后面的情景挑战环节，难度逐渐增加，幼儿的兴趣越来越浓厚，充分调动了幼儿的积极性，把活动推向了高潮。

活动中，孩子的整个状态是放松的、愉悦的，参与活动的意识是主动的，每个孩子都能在自身原有的基础上有所提升得到发展，同时在生理心理上获得成功的自信和喜悦感，从而激发他们更加积极主动地参与体育活动。

活动评析

在本节《小马过河》的体育游戏中，教师不仅作为活动的发起者和参与者，更是一个引导者，带领幼儿共同探索助跑跨跳的方法。整个活动过程中，营造了一个轻松、愉快的氛围，使孩子们在欢乐中学习和成长。随着情景挑战环节的难度逐渐提升，孩子们的兴趣也愈发浓厚，他们的积极性被充分调动起来，将活动推向了高潮。不仅让孩子们在身体上得到了锻炼，还在德、智、美、劳等多个方面得到了全面发展。孩子们在整个活动过程中保持了放松、愉悦的状态，主动参与活动的意识强烈。每个孩子都能在自身原有的基础上得到提升和发展，同时在生理和心理上获得了成功的自信和喜悦感。这种成功感和喜悦感将进一步激发他们更加积极主动地参与体育活动和其他各种教育活动，实现全面发展。

第二部分 幼儿户外体育游戏观察案例

幼儿体育游戏观察案例

年龄段	活动名称	案例简介
小班 （3—4 岁）	巧下台阶	小车区骑行、遇台阶受阻、尝试搭桥、克服恐惧、锻炼平衡与力量
	趣玩桌椅	桌椅变身、穿梭攀爬、发挥想象、提升协调性与空间感知
	圈出美好	呼啦圈玩法、跳圈滚圈、组合跳跃、锻炼双脚跳与手眼协调
	挑战平行梯	初次接触、紧抓横杆、交替前行、克服恐高、发展上肢力量
中班 （4—5 岁）	趣玩球球坡道	利用滑道、小球滚动、追逐预判、探索滚动原理
	鲨鱼岛大冒险	布置场景、“鲨鱼岛”投喂、锻炼投掷、培养应变合作
	吊绳游戏	抓住吊绳、荡绳攀爬、克服高空恐惧、锻炼上肢与协调
	进阶小勇士	障碍关卡、爬上木梯、钻“山洞”、提升综合运动素质
	一起去闯关	分组竞赛、接力跳绳、运球绕障、单脚跳呼啦圈、培养团队协作

续 表

年龄段	活动名称	案例简介
大班 （5—6 岁）	“冰壶”大战	借鉴冰壶、塑料壶推壶、控制力度角度、锻炼手眼与策略
	与你“筒”行	安吉筒玩法、钻进滚动、搭建“隧道”、锻炼控制与创造力
	滚筒与坡道	滚筒放坡道、站筒平衡、推动爬坡、提升平衡感与勇气
	平衡大师养成记	多种平衡器械、行走跳跃、保持稳定、强化平衡协调
	“骑”乐无穷	户外骑行、遵守规则、模拟交通、锻炼腿部、了解常识
	梯子游乐场	组合搭建、自主设计、攀爬滑行、培养探索与解决问题
	静听幼竹拔节声	生活教育、倾听心声、师幼家长成长、融合共生

小班（3—4岁）

巧下台阶

年龄段：小班

观察教师：王慧（济南市章丘区东山实验幼儿园）

一、游戏背景

幼儿园的小车区，是我们班幼儿最喜欢的活动区域。在这里有不同类型的小车，红色拖斗小车、单人小车、双人小车等，孩子们平时在这里经常和好朋友骑双人车、推单人车，载人骑车等，玩得不亦乐乎。今天孩子们又来到了小车区，在这里会发生什么事呢？和我一起来看一看吧。

二、游戏过程

（一）开心骑行初遇阻

1. 游戏实录

周一户外游戏时间到了，孩子们开心地来到了小车区，选了自己喜欢的小车。有的骑拖斗小车说“我要去拉货了”；有的载着好朋友骑双人车；还有的小朋友邀请老师当乘客一起骑行。孩子们在前面的操场上来回开心地骑着，这时我发现灏轩、昱博、子谦骑着自己的小车，一路到了大厅东边的拐角处，许多小朋友也跟着他们顺着弯道小坡骑到了大厅门口。当骑到台阶时，孩子们突然停住犹豫不决，看到三层台阶，不知道如何下台阶。子谦想尝试骑下去，但因为害怕放弃了；壮壮的灏轩想扛起车子下台阶，但车子太重，无法抬起也未能成功；还有几个小朋友想原路返回，但是与后面拐弯上坡的小朋友撞在了一起，现场一片拥堵。

2. 游戏分享

游戏结束后回到班级，我与孩子们就刚才的情况进行了交流讨论。我问道："刚才你们骑小车的时候发生了什么事啊？"子谦说："我们上了台阶后不敢骑下来。"灏轩说："车子太重，我抬不起来。"这时昱博说："要是有座桥就好了，可以从台阶上骑下去。"听到昱博这样说，其他小朋友也纷纷说："我们搭座桥就好了。"

听了孩子们的想法后，我把大厅门前台阶和各种桥的图片放在大屏上，让孩子们来观察，并用问题来引导幼儿进行思考讨论。

我问道："大厅的门前有几层台阶呀？"

瑞瑞说："我数了台阶有三层。"

"那桥是什么样子的？"

暖暖说："桥是长长的。"

宥宥说："是平平的。"

我又问："你们说要搭桥，那用什么来搭桥？怎样在台阶上搭桥呢？孩子们七嘴八舌地说着自己的想法。

泓毅说："把建构区的木制积木放到台阶上。"

子谦说："外面塑料凳子也可以放在台阶上。"（这里孩子说的是万象组合区的材料）

昱博说："还可以用外面的木板。"（这里孩子说的是炭烧积木区的木板）听到孩子们有这么多想法，我肯定并鼓励他们下次游戏都可以拿来试一试。

3. 教师的思考

小班幼儿年龄虽然小，但是在遇到问题时也能积极主动去想解决的办法。游戏中，幼儿骑车遇到台阶时虽然害怕但仍能主动去尝试，有的还想扛起车子下台阶，还有的提出要建一座桥，虽然有的想法未能成功，但在游戏中幼儿能够主动思考、大胆尝试，大幅提升了幼儿的主动性发展。

在游戏分享环节中，教师鼓励幼儿大胆用语言表达自己的想法，小班幼儿的语言表达虽然只是简短的句子和词语，但也能在前期游戏经验的基础上准确表达出自己的想法。例如：用“长长的、平平的”来描述桥的形状，将在班级建构区中用积木搭建的经验迁移到户外搭桥中。

（二）多种材料尝试搭建桥面

1. 游戏实录

这次游戏开始前孩子们先将班里的木制积木和万象组合的塑料高低凳等都搬运到了台阶前开始尝试搭桥。

第一次，幼儿将班里木制积木搬来，把较短的、小块的积木堆放在第二台阶上，旁边又用较长的木块一个连着一个，从第三台阶连接到了第一台阶，进行了简单的台阶的填充，但在骑着小车尝试下台阶的过程中发现积木体积小、非常零碎，木块开始松落、塌陷，所有的木块都散在台阶上，不得不退了回去。

第二次，孩子们开始热火朝天地搭桥，幼儿将万象组合的 5 个高低凳和 5 块塑料积木整齐摆放在地面，将长棍摆满在第一个台阶，又把 14 块塑料积木铺在了第二个台阶形成梯状。搭好后，但在尝试骑小车下台阶的过程中发现骑到第二节的台阶时，台阶更高了、更陡了，停了几秒后，又退了回去，搭建的积木还是像台阶一样有高有低，无法下坡。

第三次，前面孩子们尝试了两种方法，虽然没有成功，但他们没有放弃。这一次他们决定去搬运炭烧积木，有的小朋友将木板放在拖斗小车中搬运过来；有的小朋友将木板放在单人小车底下骑过来；子谦还和好朋友用双人小车搬运，一个在前面骑，一个在后面抱着木板；还有的小朋友找老师帮忙一起运木板。木板运到后他们开始搭建木板桥。子谦将从小车里运来的木板竖着一个接一个摆放在台阶上，将小木板填补在台阶的两头，直到一车木板都用完后，子谦又骑着小车去搬运了。昱博站在台阶下将长木板竖着一根一根从下往上摆，还将短的木板连接在一起，变成长木板铺在台阶上，当看到台阶上面有空缺的地方时，他又将不同大小的木板放在台阶上填补空缺，完成后说了一声："建设成功。"然后来回巡视搭建的木板桥。木板桥搭建成功，孩子们都跃跃欲试。

这时灏轩看见滑落的3块木板，将木板往上拉了拉，与第三台阶对齐、他推着红色拖斗车决定尝试一下，只见他用一只手抓住车把，另一只手抓住车座，沿着木板桥缓缓往下推，想用这种方式下坡，但车子推到一半时后轮却被木板挡住了。他又调整方式走在小车后面，用双手抓住车斗轻轻抬起小车，小车终于成功下坡。小朋友们看到灏轩成功了，都学灏轩用人、车分开的方法下坡，也都成功了。

这时泓毅也骑车来到了台阶上，他从小车座位上起立，双脚着地控制小车的速度，前车轮刚刚走到木板上，他想以人骑车的方式下坡，但木板的另一边就翘了起来，他立刻往后退了一步说："不结实。"这时昱博从台阶上走下来手里一边拿着一个圆形积木，一边告诉泓毅说："这些圆形的不结实，崔德泓毅。"接着泓毅又试了一次，还是退了回来说："啊，不结实。"此时游戏时间到了，孩子们匆匆收好木板。

2. 游戏分享

回到班级后我与孩子们分享：刚才遇到什么事了？这时泓毅说："不结实。"昱博说："崔德泓毅下来的时候，木板翘起来了。"我问："小朋友有什么办法让木桥变结实吗?"孩子们说："要把木板压住就好了。"我又问："用什么东西可以压住木板呢?"孩子们有的提出用重的轮胎、椅子、花盆等。听到孩子们五花八门的答案，这时泓毅小声地说："可以用垫子。"其他小朋友也纷纷说："可以用做操的垫子。"一会儿，孩子们商量后最终决定下次游戏时把垫子铺到木板上固定桥面。

3. 教师的思考

小班幼儿在建构中能够用平铺的技能进行搭建，在游戏中幼儿尝试用多种方法建桥，一开始是用班内木制积木和塑料积木平铺在台阶上进行填充，台阶还是高低不平，小车无法下去。而炭烧积木区长长的木板更适合桥的搭建，在建桥的过程中昱博与子谦将长木板一根一根连接平铺在台阶上建成桥面，符合小班幼儿的建构特点。在游戏的过程中孩子们充分利用了小车的特点，将两个区域的材料相互融合，邀请同伴和老师帮忙搬运木板，幼儿的合作意识初步建立，社会性交往能力在游戏中得到体现。教师与孩子之间的信任和亲密关系促进了游戏的发展。小班幼儿处于直觉动作思维阶段，在遇到困难时需要教师一步步引导，为满足幼儿在游戏中的需要，游戏分享时我引导幼儿讨论交流自主解决问题。使材料在游戏过程中的价值可以得到不断的展现，幼儿的游戏活动体验变得丰富。

游戏阶段	遇到的问题	结果
班内木制积木	积木又小又短，当小车骑上去后发现开始塌陷、松落	失败
塑料积木	只填补了台阶，把面积延长了，没有解决坡度问题	失败
炭烧积木	当小车骑到木板桥上，木板另一边会翘起	成功

（三）搭建垫子桥

1. 游戏实录

第三轮游戏开始了，昱博先后把 14 块长木板放在台阶上平铺连接成桥面。这时泓毅用双手拖过体操垫平铺在木板上，将桥面固定好，垫子桥初步完成。只见灏轩、泓毅、昱博等小朋友骑着车子成功地从垫子桥上骑了下来，一座体操垫子桥搭成功，孩子们开心极了。

紧接着孩子们将其余的体操垫也平铺在木板上，搭成垫子桥。越来越多的小朋友都能骑车子从垫子桥上安全下坡。但因为人太多，垫子开始从木板上往下滑落，小车无法往下骑行。有小朋友发现后将垫子和台阶连接好，子谦搬来长木板整齐地摆放在垫子桥下面，搭建了木板路，以防止垫子再次滑落。垫子桥和木板路吸引了更多小朋友来尝试骑小车下台阶，由于人员增多出现了拥堵，泽霖一直在用双手使劲帮小朋友们一个一个往上推车，每一辆小车都无缝衔接，道路变得流畅了，孩子们开心地玩了起来。

2. 教师的思考

平铺和重复是幼儿早期建构的突出特征，前期游戏经验助推游戏发展，幼儿将大量的长木板放在一起，把台阶变平，这次孩子们铺设木板桥非常快速。子谦将多余的木板通过连接、延伸的方式搭建出了木板路，不仅增加了游戏的内容和乐趣，也稳固了垫子桥，由此看出子谦身上善于观察、细心大胆的优秀品质。当交通发生拥堵时，泽霖帮助小朋友推车上坡40 多次，他在游戏中能放弃自己玩的时间来帮助他人，小小孩童身上有着深深的乐于助人的品质。

（四）游戏分享

游戏后我引导孩子们回忆游戏过程，进行游戏表征。表征结束后，我对幼儿进行一对一倾听记录。

“你画的什么呀？你是怎么玩的呢？”

有的小朋友说：“我骑小车在垫子桥上玩呢。”

“我画了长长的垫子桥。”

“我画了 4 块长垫子。”

绘画表征和语言表达打开了幼儿游戏密码的通道，孩子们在相互启发中借鉴经验，在自己的最近发展区中持续前行。

分享过程中，教师以问题引导幼儿积极思考、大胆表述游戏过程，尊重、信任幼儿，放手让他们自主游戏，真正做到幼儿是游戏的主人。

三、分析与思考

（一）两点三步分享游戏路径，推进游戏发展

骑小车台阶遇阻是幼儿游戏的源头，“如何在台阶上铺桥？”是开启幼儿游戏的兴趣点。

游戏过程：鱼骨图

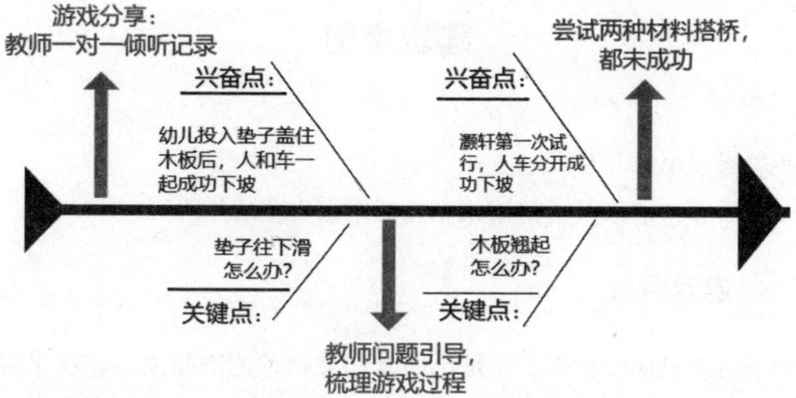

游戏过程从幼儿的材料由散落到完整，体积由小到大；由硬的材料到软的材料，再到桥搭建成由不平到平的过程。幼儿通过亲身体验和动手操作产生两次兴奋点，不断剖析失败的原因解决两次关键点，由此可见问题是幼儿的前期经验、是幼儿的需要。在游戏过程中让幼儿带着问题去游戏，在游戏中思考问题、解决问题，幼儿以积极的状态投入活动中。

（二）多角度延伸游戏活动

孩子是自己游戏生活方面的专家，幼儿迁移了自己已有的生活经验，孩子们在闭合的上坡、下坡循环中，还骑龙舟、滚轮胎成功上下坡，一个接一个不断的挑战激发了幼儿的探索欲望，帮助幼儿在已有经验的基础上建构新的知识经验，有效地助推幼儿的发展和深度的学习。在班级的建构区内，幼儿也搭建各种各样的桥、隧道等，在不断地垒高、围合、延伸中孩子们的搭建经验不断地提升。

（三）游戏过程中教师反思

游戏中问题的产生是幼儿发展和教育的重要契机，我深度解析问题产生的原因，了解幼儿的内在需要。在游戏中给幼儿充足的时间和空间，尊重、支持、鼓励、信任他们，大胆放手让他们自主游戏，自由选择材料、自主解决问题。教师在游戏过程中多以观察为主，游戏分享时以问题引导幼儿梳理游戏过程，虽没有过多介入，但幼儿的游戏水平在自主生发的过程中一步步提高。

趣玩桌椅

年龄段：小班

观察教师：宋乐乐（济南市章丘区东山实验幼儿园）

一、游戏背景

椅子每天陪伴着小朋友，是小朋友们最熟悉的物品之一。在平时的观察中发现，幼儿会有意无意地玩一些椅子游戏，如把椅子当骑马、当摇椅、椅子玩具互动等，椅子方便拿取，组合灵活，若将椅子和游戏结合，则能够引起幼儿的兴趣、激发幼儿的创造力。于是，孩子们利用身边的椅子开展有趣的游戏。

二、游戏实录

实录一：初探玩法，摆弄椅子

开展室内游戏前我和孩子们展开了讨论：

宋：你们觉得小椅子能搭成什么？

摆法 1：椅子火车

卓奕和李世然将小椅子排成小火车，通过平时观察我发现孩子们在走廊里也会将椅子编成一排长长的火车。

摆法 2：有围栏的椅子桥

孩子们将椅子背挡在一侧做围栏，排起了长长的火车桥，齐亦宸说：“我来当小指挥吧！”就这样孩子们开始了椅子桥游戏。

上次的游戏，小椅子堆在一起太多了，很乱，齐亦宸和暖暖将小椅子堆起来，然后发动吃完饭的小朋友一起来走椅子桥。有的小朋友双脚交替，有的小朋友大步走一侧，自己找方法，勇敢过桥。

摆法 3：跨跳

卓奕将两张小椅子背面躺下对起来，然后跳过去。

既然小椅子背可以躺在地上，也可以趴在地上……

摆法4：钻爬

还可以堆起来当小山洞……匍匐前进。

实录二：椅子游戏，闯关挑战

我们一起回看了小椅子的摆法，小朋友们选择自己喜欢的摆法开始设置机关，你搬椅子我来指挥，大家忙得不亦乐乎。

机关摆好，大家勇敢挑战，全班娃娃齐上阵，平时胆小不敢爬高的那几个孩子也能勇敢地从椅子上跳下。

实录三：新添材料，桌椅游戏

宋：教室里除了椅子可以做游戏，还有什么可以一起玩呢？

孩子们：桌子。

宋：桌子可以怎么玩？

卓奕："钻过去。"

宋：桌子放到哪里？

齐亦宸：椅子旁边。

齐亦宸喊着自己的好朋友一起去搬动桌子，第一次搬得距离有点危险，暖暖开启尝试，跳下来差点撞到桌子，在李世然的引导下，孩子们合伙将桌子搬到了安全正确的位置。

小椅子和桌子还能组合变成滑梯。

李世然开始指导着小朋友一起架起桌子，有的小朋友负责加油打气，人手不够就再去喊人，没想到面对这么沉的桌子，孩子们能齐心协力搬起来，我兴奋地喊着"上来了一个！"程程从桌子底下钻出来说："是我在下面顶着！！！"

有了滑梯还缺点儿什么呢？——垫子

几个孩子自告奋勇去搬来了垫子，可是门太小了，暖暖说可以竖起来！

垫子就位，开启了新一轮的闯关游戏，钻过山洞，跳过小河，爬过草地，打个滑梯……每个孩子跑得满头大汗，玩得非常尽兴。

时间到了，孩子们合伙将道具收回，一边收一边说下次还要再玩。一旁的杰西默默地帮小朋友们把椅子擦干净。

三、游戏价值分析

1. 促进了幼儿基本动作的发展

游戏中幼儿利用桌椅创设了高低不同的平衡行走、钻爬、跨跳障碍、匍匐前进等机关，既锻炼了灵敏性和手臂肌肉力量，也紧紧围绕走、跑、跳、平衡等动作来发展，更加锻炼身体协调能力和自控力，有利于小班幼儿基本动作的发展。

2. 满足幼儿的动作发展需要

《3—6 岁儿童学习与发展指南》说道："发育良好的身体、愉快的情绪、强健的体质、协调的动作等是幼儿身心健康的重要标志，也是其他领域学习与发展的基础。"巧妙有趣的室内游戏，既保障了孩子们充足的运动量，也提高了运动的趣味性。

3. 通过搬运、尝试、改进等，幼儿的自主能力、搭建水平、运动水平、想象力、创造力和社会性均得到了发展。

四、思考与改进

教师的思考

小班的幼儿正处于"我自己来"的关键时期，作为教师要善于放手，让幼儿自己去大胆尝试和体验。新奇的室内体育活动材料——小椅子调动了幼儿的积极性，引发了幼儿的思考。虽然个别幼儿有些害怕胆小，但没能阻挡他们敢于挑战的决心；每个孩子在闯关时认真专注，整个过程自己想办法，没有依赖老师，部分幼儿能大胆表达协商解决，具有初步的团队合作意识。游戏后的收纳、整理逐步养成良好的品质。通过这次游戏更有利于今后活动的开展。

回应与支持

《3—6 岁儿童学习与发展指南》中科学领域提出幼儿在科学探究方面“在探究中认识周围的事物和现象，感知和发现物体和材料的软硬、光滑和粗糙等特性”的发展目标。游戏后的分享环节，通过亲身体验，李世然发现桌子滑梯不够滑，感受到了桌面的特性，怎样才能快速地滑下去呢？这成了我们下一步探索的方向。

幼儿园教育活动的内容应该既符合幼儿的现有水平，又有一定的挑战性。在今后的活动中我将继续鼓励幼儿探索出更多、更新奇、更好玩、更有挑战性的室内游戏玩法，并提供更丰富的游戏材料，推动游戏不断深入。

圈出美好

年龄段：小班

观察教师：周广慧（济南市章丘区东山实验幼儿园）

一、游戏背景

在户外游戏中，呼啦圈是一种比较常见的材料，可以练习孩子单双脚跳和开合跳等基本动作的发展，玩法基本上都是老师组织孩子玩设计好的游戏，相对单一，小朋友们往往跳了一段时间就失去兴趣。

我不禁思考：只投放呼啦圈，不预设任何有关游戏，小班的小朋友会不会玩？他们又是怎么玩？带着这样的疑问，我开始对玩圈的幼儿进行观察，看幼儿是如何自主设计游戏的。

二、游戏过程

（一）第一次游戏：自由探索

玺媛把呼啦圈套在身上并对我说："老师，你看我，我妈妈在家也是这样转的，她在减肥!"说完就开始"操练"了起来，样子既熟练又可爱，掉落一次再重新开始，一直锲而不舍地使尽全力扭动身体，乐在其中。锦锦跑到我跟前说："老师，我的呼啦圈可以向前滚，像轮子似的。""你看，呼啦圈滚得太快了。"佑佑正在展示转圈，小手这么一拧，呼啦圈就听话得像陀螺一样转起来。其他几个孩子也跟着一遍一遍地转着，尝试着让它转得更快更久一些。（照片、视频）

游戏后分享：

（1）请幼儿说一说："你是怎样玩呼啦圈的?"

（2）与幼儿交流："呼啦圈还可以怎么玩?"

幼：可以变成汽车，大家一起开汽车玩。

幼：可以玩捕鱼的游戏。

通过开放性的提问，进一步引发孩子对呼啦圈的兴趣，为呼啦圈的一物多玩做好铺垫。

分析与解读：

游戏刚开始，孩子们拿着呼啦圈都是自己玩自己的。玺媛平时观察到妈妈的行为活动，也将看到的行为模仿到自己的游戏中，符合小班幼儿的发展特点。小班小朋友的游戏经常以模仿老师、模仿家长的行为独自游戏，幼儿之间缺少交往与交流。

在观察中，小朋友玩呼啦圈的游戏就有好几种玩法，可跳、可滚、可转等，这些特点吸引着孩子们。在这个过程中孩子们的手部力量、腿的运动能力得到了初步锻炼，也引发孩子们对呼啦圈的探究热情。孩子们游戏主动性强、参与度比较高。但是初次探索还只是停留在单一玩的操作阶段。

（二）第二次游戏：呼啦圈小火车——合作

“滴滴滴，我的小汽车开来了，大家快来追我呀。”只见锦锦拿着呼啦圈在场地上跑来跑去，并招呼同伴麟麟说：“快来看呀，这是我的方向盘。”“等会儿，我也来了。”我及时地肯定了锦锦，说她很有想象力。不一会儿，佑佑加入了他们，三个小伙伴玩起小火车的游戏。锦锦是最前面一个，当火车头，后面跟着她的好朋友麟麟和佑佑。“谁还来当车厢呀？”其他小朋友看到了，拿着呼啦圈一个接一个套在身上，小手抓住呼啦圈，一列小火车连起来了。“咔嚓咔嚓……”小火车开动了。走着走着，呼啦圈断开了一节，锦锦停下来回头：“佑佑，你得用手抓紧了。”（照片）

小火车继续开，锦锦带着大家从滑梯底下钻过去说：“小火车过山洞啦！”滑梯上的熠熠看到了，有礼貌地打招呼：“你好！”小火车的诗钰立刻回复：“来玩小火车呀。”小火车顺利地穿过了山洞，继续前进。这时候，字字一路跟着小火车来到了叮咚派对，当走过小桥，字字跟着喊了：“小火车过小桥啦！”在经过水上小石头路的时候，火车头锦锦还不断地说：“大家慢点走，小心一点。”小火车平安地回到了目的地，孩子们都说

这次旅行真是太开心了。（视频）

分析与解读：

“开火车”这个游戏是孩子们主动参与，团队合作完成的。可以看出，孩子们的游戏水平正在逐步提升，游戏开始有了一定的目的性，自发生成了游戏主题。锦锦小朋友是一个称职的火车头，还是一个关心他人的孩子。当呼啦圈断开时，她会提醒别人抓紧了；当过水上石头小路时，她会提醒大家慢点走，小心点。平时在班级里对他人很友善，经常照顾不开心的孩子，很多孩子都喜欢和她一起玩。

虽然在同一个场地、同一个环境中，孩子们却能生成不同的游戏情景，每个孩子都很入戏。游戏中孩子之间产生了互动交流，滑梯上的熠熠有礼貌地与火车上的孩子打招呼，火车上的小朋友有回应，邀请他来玩游戏，潜移默化中发展了幼儿的语言能力和社会性交往能力。孩子们自己创设情景，小火车过山洞、过石头小路、过小桥等，充分利用了幼儿园周围的空间环境，增加游戏的趣味性，孩子们积极参与其中，非常投入。

（三）第三次游戏：套圈——集体

孩子们天生就是游戏者。今天收玩具时孩子们又有了新的发现：铭泽把呼啦圈双手一扔准确地套在了白雪公主身上，麟麟也把呼啦圈套在白雪公主身上，后面孩子们也跃跃欲试，想要进行尝试。一场趣味套圈的游戏即将开始……

结合幼儿的兴趣，我们接着以“呼啦圈还可以套什么?”为话题，让孩子们找找幼儿园里还可以套哪些物品。

欣词：小熊，娃娃家里有。

鑫睿：娃娃家里还有小牛。

于是，在他们的带领下大家来到教室里寻找材料，一场套圈游戏开始啦！孩子们选择了很多不同的东西，我们也把套圈的距离进行调整，使得游戏更加具有挑战性和趣味性。（照片）

我和孩子们纷纷拿起一个个呼啦圈试试，“1，2，3……”一鼓作气，用力抛出去，哎呀，都没套住。“再来试一次吧。老师也没套住。”小朋友们笑了起来。我说："没关系，捡起来再来一次哦!""耶耶耶，我套中了!"乔乔发出了欢呼声。随着一个个圈脱手而出，看着孩子们乐此不疲地不断挑战，现场不时发出"我要套个小牛""我套了一个小汽车"。

游戏后，大家展示了自己的套圈成果："我套了一个""我套了好多个……"。(视频)

分析与解读：

一个孩子小小的举动，让游戏时间增加了十几分钟。由此可以看出让幼儿自主探索玩法增加了幼儿对材料的兴趣，引发了他们参与此类游戏的兴趣，让幼儿的心理有了自主性体验。

在套圈的过程中，幼儿总是套不到目标物体，失败的次数要比成功的次数多得多。孩子们没有放弃，一次又一次地不断尝试，在失败和成功中寻找技巧，磨炼了幼儿不放弃的意志力。

这次的套圈游戏既满足了孩子们的游戏需求，锻炼了幼儿手臂的力量，又发展了幼儿的手眼协调能力和动作的灵活性。同时感受到经过努力获得的成就感，看着通过自己努力得来的"胜利果实"，孩子们脸上乐开了花。

(四) 第四次游戏：呼啦圈与大木箱——挑战

午饭后，几个孩子从平衡木上轮流跳下来。一晨拿来一个呼啦圈放在地上："你能跳进圈里吗?"麟麟试了试，成功了。一晨把呼啦圈拉远一些，反复试了几次都失败了。我问孩子们："怎样才能跳得远一些呢?"麟麟想了想说："我们可以站得高一些。""可以站在什么地方?"孩子们找到了滑梯、蜂巢以及大木箱，最后经过商量，我们选择了大木箱进行尝试。(照片)

有几个孩子纷纷爬上高高的大木箱。锦锦小朋友毫不犹豫地带头跳了下去，其他几个孩子也跟着跳下去了。麟麟突然说："去拿几个呼啦圈，咱们跳圈吧。"好几个孩子随声附和说"好"。一晨把呼啦圈放在垫子上说："跳!"麟麟一下跳进了第二排呼啦圈。一晨："我也来跳。"一晨跳进了第一排呼啦圈。"我们再来一次吧。"(视频)

分析与解读：

在游戏中，一晨比较有想法，会发起游戏，吸引更多的小朋友参与，游戏的主动性较强。麟麟能跳进第二排圈，成为小朋友心中的榜样，其他小朋友也争相鼓足勇气表现自己，纷纷尝试从大木箱上跳进第二排圈里。由此可以看出，孩子们的发展存在个别差异。麟麟和一晨之间的互动行为属于互帮互助、共同进步。

根据小班幼儿敢于尝试的特点，游戏中有幼儿成功跳进第一排呼啦圈的成功喜悦，也有失败的挫折体验。从高处跳下来，可以增强幼儿腿部的力量，增加弹跳能力。在一次次探索实践中锻炼了幼儿胆量，增强了他们的抗挫折能力。

游戏后讨论：

很多孩子们都能很顺利地跳进第一排呼啦圈，部分能力强的孩子能成功地跳进第二排呼啦圈，第三排呼啦圈他们尝试了许多次仍然没有成功。

提出问题：

如果我们想跳进第三排呼啦圈，你们有什么好办法？

活动未完待续，共同期待下次户外游戏的到来。

三、游戏活动特点与价值

（一）充分利用低结构材料，促进幼儿的发展

本次活动的主要材料——呼啦圈，富有可操作性、探索性，属于低结构材料，没有固定的玩法，教师没有过多地干预，也没有设计幼儿的游戏，而是提供了充足的户外游戏时间和自由的游戏场地，并给予幼儿与材料充分的探索空间。在一个宽松自主的环境中，幼儿享受着游戏的快乐。

呼啦圈游戏是幼儿自主自发的游戏，游戏中愉悦了幼儿的身心，激发了幼儿的创造力和想象力，锻炼了幼儿跳、跑、爬等运动技能，锻炼了手部力量和腿部力量，增强了幼儿动作的协调性和灵活性。

（二）在游戏中关注幼儿学习品质的养成

（1）对游戏的专注力。持续的户外游戏，让孩子们坚持游戏，生成游戏，并积极创造新游戏。

（2）抗挫折的能力。遇到困难不退缩，一次又一次地尝试，在失败和成功中寻找技巧，从中获得成就感。

（3）人际交往能力。与同伴一起玩“开火车”游戏、“套圈”游戏、“跳圈”游戏中，促进了幼儿之间的交往与合作，满足了交往的需要，增强了交往的信心。这对以自我为中心的小班幼儿来说，促进了其社会性发展。

（三）准确定位教师角色，支持和引导幼儿开展游戏

首先，教师激发了幼儿活动的兴趣点。小班幼儿的专注力保持的时间很短，在幼儿探索几种比较简单的玩法时，教师的游戏后分享环节尤为重要。播放视频重温游戏过程，通过提问的方式进一步引发幼儿的兴趣和思考。

其次，及时肯定幼儿的想法。活动中教师注意观察幼儿的活动，鼓励幼儿将呼啦圈当作代替物进行游戏，如幼儿将呼啦圈当作汽车的方向盘时，教师会及时肯定，并鼓励其再想出其他玩法。

最后，把握有效的对话时机。《纲要》指出：“关注幼儿在活动中的表现和反应，敏感地觉察他们的需要，及时以适当的方式应答。”在发现幼儿将呼啦圈套在白雪公主身上时，教师提出“还可以套什么?”介入游戏，与幼儿开展对话。在游戏过程中，教师以游戏参与者的身份与幼儿进行互动，并在共同游戏中巧妙地借助语言推动游戏发展，让幼儿在潜移默化中获得套圈的经验。

挑战平行梯

年龄段：小班

观察教师：周广慧（济南市章丘区东山实验幼儿园）

一、游戏背景

野趣园的平行梯上常常出现孩子们游戏的身影，他们喜欢在上面攀爬、悬垂或者吊来吊去，乐此不疲。

最先打破游戏平静的是张逸淇，（视频 12 秒）只见她抓住横杆，双手交替，向前移动，顺利通过平行梯。在她的带动下，许多孩子开始跃跃欲试。

二、游戏过程

（一）屡试屡败，信心危机

佑佑一直在尝试，（视频 18 秒）他双手交替抓到第三根横杆上，右手突然松开差点掉下来。重新调整后，双脚带动整个身体前后摆动幅度大，像钟摆一样，21 秒后掉落。连续试了几次，还是没有成功。

很多孩子在尝试的时候只能坚持一小会就掉下来，或是只前进一格、两格。

实录分析：小班幼儿的力量和耐力在不断发展中，身体素质在不断增强中。而悬垂前进对幼儿的上肢力量和耐力要求很大，很多孩子对自己缺乏自信心，没能继续坚持而选择放弃。佑佑没有因为几次的尝试而失去兴趣，而是不断进行尝试，这是作为老师的我们应该鼓励和支持的。

（二）多种材料，挑战成功

游戏前，考虑到孩子们的能力存在个体差异，我提出问题：“有没有什么办法能够帮助你们顺利通过平行梯呢?”之后两周内，佑佑和伙伴们都在尝试不同的辅助材料。

第一次，佑佑和小朋友们用合作搬运的方式将轮胎搬到平行梯下面，大家一起将轮胎叠了起来。一开始孩子们尝试只叠一个轮胎，但太低了，有的孩子脚够不到轮胎。孩子们又试着叠第二个轮胎，佑佑的脚踩上去有点摇晃，还是能够顺利通过的。轮胎叠到第三个，从两端出发的幼儿在中间相遇时，踩着轮胎互相交换位置。

第二次，户外活动时间快要结束了，佑佑在平行梯下面放置了人字梯。佑佑双手抓杆，一只脚迈向梯子，双手交替抓到前面的杆，双脚踩着梯子，10 秒时间顺利通过。允承的速度明显慢很多，脚够不到，他跳下来调整了梯子的位置，30 秒顺利通过后兴奋极了。

第三次，佑佑在人字梯的南侧搭了一座独木桥，吸引了更多的人来尝试。孩子们一个接一个，都能够着横杆顺利通过了。

第四次，佑佑推了一个滚筒放到平行梯下面，然后尝试抓横杆站到滚筒上面。可是滚筒不稳定，他不断调整双脚的节奏，不停地挪动，双手抓牢交替前进，顺利通过。孩子们直呼“太好玩了”。

实录分析：在游戏中，佑佑通过对不同材料的探索，提升了解决问题能力。

佑佑想到了通过叠轮胎的方法来帮助大家通过平行梯，可是轮胎稳定性不够，但攀爬平行梯的愿望一直很强烈。佑佑不断尝试了人字梯、独木桥，甚至滚筒，都能有效解决问题。

佑佑借助辅助材料顺利过关，降低了游戏难度，增强了游戏的趣味性与挑战性，不同能力水平的幼儿能根据实际情况进行调整，孩子们顺利通过，获得成功的体验。

（三）挑战升级，尝试攀顶

6 月 12 日，（视频 3 倍速）佑佑双手抓住横杆，用脚去向上勾住，双脚倒挂在架子上，身体向上，想要钻到架子上面去，双脚先落下来，胳膊撑不住掉了下来。

我问他：“佑佑，你要干什么？”他回答：“我要到上面去。”旁边的逸淇说："老师，我能上去。"只见逸淇借助旁边低矮的横木爬到了平行梯的顶上。佑佑看到了，紧随其后。他学着逸淇的样子，踩着横木，双腿跪在平行梯的横杆上向前爬，双手交替前行，攀顶成功。

（四）友好互助，合作共赢

在平行梯的另一头，逸淇下不来了。（视频 3 倍速）

再看佑佑那边，右脚先下来，不行，右脚回去换左脚先下，还是不行。双脚重新踩到横杆上，调整重心，双手的位置挪动了一格，手臂一撑跳了下来。

逸淇冲着他竖起大拇指，并说道："我不敢跳！"

我问了一下逸淇的情况，然后向其他小朋友求助："怎样才能让逸淇下来呢？"佑佑说用梯子，逸淇自己很大声："梯子！佑佑！梯子！"

在逸淇等待的 3 分 20 秒内，（视频 5 倍速）佑佑和栋栋搬来了走梯，放不下；栋栋、佑佑、鑫睿搬来了大 A 凳，摆放很平稳。逸淇顺利地下来了，佑佑借助大 A 凳很快地完成一次挑战。

在接下来几天的游戏中，孩子们在平行梯的一头放小 A 凳，另一头搭了一架走梯。现在很多孩子都可以爬上平行梯子了。

实录分析：从平行梯上面攀爬过去，挑战有了一定的高度。在平行梯的顶端时，孩子们体验到跪爬的姿势能保持身体平衡。从平行梯上下来时，孩子们根据自己的运动技能，采取不同的方法下平行梯。

"下不来"这一小插曲，佑佑利用已有经验与孩子们合作搬来了梯子，从而成功解救了逸淇。赞赏孩子们大胆尝试、敢于挑战、通过团结协作解决问题等良好品质，帮助幼儿进一步建立自信心。

三、游戏中的学习与发展

（一）运动品质的培养

在挑战平行梯的游戏中，佑佑表现出积极主动、不怕困难、敢于尝试、团结协作的良好品质。佑佑在悬垂前进失败后没有放弃，不断尝试各种辅助材料，带领其他孩子完成挑战；还创造出新的挑战“倒挂金钩——徒手攀顶”，敢于尝试有一定难度的活动；在同伴“下不来”时，能利用已有经验及时帮助同伴。

（二）运动技能的提升

平行梯需要很强的体力和耐力，还与孩子自身的胆量和体重、个子高矮都有关系。一个月的时间，从悬垂—交替抓杆—攀爬的动作，发展幼儿的腕力和臂力，用上肢力量负担身体保持平衡，锻炼孩子的力量、耐力、协调、灵敏、柔韧，让孩子的身体得到全面的锻炼。

在尝试、挑战、体验的过程中，不断蓄积力量、突破自我，孩子们的动作技能、运动品质都得到了淋漓尽致的表现。

四、教师的反思

在平行梯游戏中，经历了一系列的尝试、练习、挑战后，孩子们展现出来的兴趣、态度与自学能力，都很令人惊叹。每一个孩子已经进入了一个动态的、变化的、反思且自省的运动探索过程。经历这个过程后，有些孩子能从头到尾挑战成功，有些孩子能够完成一半的悬崖前进或攀爬，但都在原有基础上得到了发展。

番外篇：

佑佑的“倒挂金钩——徒手攀爬平行梯”成功了吗，答案是肯定的。他成功捍卫了自己的王者地位，同时逸淇展示了独特的“横向前进”新玩法，再次激发了幼儿的游戏兴趣。

中班（4—5岁）

趣玩球球坡道

年龄段：中班

观察教师：王慧（济南市章丘区东山实验幼儿园）

一、游戏背景

户外时间一到，孩子们最喜欢在梯子区玩了，梯子与其他材料结合会创新出很多不一样的玩法，我们一起来看看今天的梯子区发生了什么有趣的事情呢？

二、内容与过程实录

（一）初见斜形＼坡道，悦纳幼儿重复行为

轩轩将木板架在两个人字梯中间，拿起圆柱体来回滚。他将两块木板的左端对齐放在地上进行比较，拿起较长的木板重新架在两个人字梯中，将另一块木板斜放在长木板与地面之间，拿起圆柱体从高处往下滑。又将木板的位置移在第一层梯子上，一松手将圆柱体滚下，一直重复，他嘴巴微微咧开，脸上露出一丝笑容。

集体分享

游戏分享环节，我出示图片，轩轩与同伴分享了他的游戏。轩轩介绍了自己用到的材料，还说：“我拿着圆圆的柱子在木板上来回滚，很好玩。”同伴们给他的游戏取了名字“球球坡道”。

（二）创新坡道 ，圆柱滚下来了

轩轩的游戏分享吸引了好朋友旸旸、赫赫的参与。轩轩将长木板的一半架在长梯下面，积木放在梯子上滚，但漏到了垫子上，赫赫将下面的木板拉出来与梯子连接。旸旸和同伴拿来圆柱积木滚，都卡在人字梯里。他们三人拿来不同的球滚，都掉在了垫子上。旸旸指着远处和轩轩商量拿来长木板整齐地铺在长梯上，把圆柱放在木板上滚，却卡在人字梯和木板中间，同伴将木板抬起，没坚持多久走了。此时，有小朋友走来说："这个根本就不需要。"但得到所有人的反对。他们用两块木板加宽最前面的坡道，旸旸说："最大的问题是这里，这里还太宽。"赫赫拿来新木板放在了木板上面堵住空隙，但不合适，旸旸又将木板往上拉，还是有缝隙，又把所有木板往前移动与下面的木板对齐。同伴和赫赫拿来篮球和圆柱尝试，都被人字梯卡住。旸旸拿来收纳箱，眨眼间，赫赫与同伴调整了箱子的方向，说："这样可以。"他们将箱子口朝向圆柱滚来的方向。同伴将两根圆柱从坡道上滚下，顺利通过人字梯，进入收纳箱，说："这才是奇迹的时刻！"其他小朋友也举起手中的玩具欢呼雀跃，小朋友都争先恐后地跃跃欲试。

小组分享

在分享活动中，我出示图片，巧妙地将问题抛给幼儿，以此引发幼儿进行深层次的思考。

我问："为什么三孔、四孔圆柱没有滚落到收纳箱？"

旸旸指了指人字梯说："它们太长了，在这卡住了。"

我问："是人字梯的什么地方卡住了？"

旸旸指了指人字梯的两边。

我说："对，圆柱太长，梯子太短。"

我又问："为什么所有的球都没有滚落到收纳箱呢？"

轩轩说："这些球都太大了，弹下来了。"

我问："哪里太大了，球过不去呢？"

轩轩说："因为梯子卡住了，人字梯的洞太小了。"

我说："是的，球太高、人字梯的洞太矮了，那怎么办呢?"

赫赫说："可以把人字梯换成另一个梯子。"

同伴听了赫赫的意见，带着自己和同伴的想法，三个人商量着设计出一张新图纸，第一个人字梯下面有三层垫子，第二个攀爬架上面有两个垫子，第三个攀爬架下面没有垫子。

（三）"坡"不及待，升级两条坡道

赫赫拿着三人做好的计划与旸旸分享，轩轩被照相机吸引了兴趣，给同伴拍照记录。旸旸、赫赫三次调整木板，最后把木板平铺统一搭在前梯上。接着旸旸将圆柱放在最高处轻轻松手，顺着坡道滚了三次，调整好箱子的位置，他俩将三孔和一根圆柱从坡道成功滚落到箱子里，激动地从垫子上跳下、露出笑容。赫赫拿来四根圆柱，滚到坡道中间时，被攀爬架挡住，又用力地将圆柱从坡道滑下，顺着坡道滚到地上。轩轩把圆柱放在木板靠左边的位置开始滚，攀爬架挡住了圆柱的一端，偏离坡道。旸旸将同伴拿来的篮球从坡上滑下，都弹到地上了。赫赫、轩轩将两块木板挡在前面的坡道两侧，把木板斜放连接木板和收纳箱，木板自然滑落在第一层梯子上，小球和圆柱顺着整个坡道滚进了收纳箱，赫赫开心地拍手，同伴脸上都露出了笑容！紧接着赫赫与同伴以人字梯为支撑，将木板放在人字梯最上面一层，用同样的方法又造了一条坡道，孩子们拿着球和圆柱积木排队来体验坡道的乐趣。此时轩轩正弯腰来回穿行于自己用梯子、垫子和攀爬架搭建的坡道上。

集体分享

1. 他们三人与同伴分享自己的游戏过程，赫赫说："我们一起把垫子垫在梯子上，这样手就不用使劲了。"轩轩和旸旸说："对。"

2. 游戏后，教师组织幼儿观看游戏现场拍摄的视频、照片，进行班级分享，幼儿在梳理和表达自己想法的同时，也会去思考别人提出的想法和做法，这是一个复杂的过程，也是深入反思和产生新认知的过程。见下表：

讨论话题	儿童总结	教师复盘
为什么一孔、两孔、三孔圆柱能滚落到箱子里？	旸旸把箱子放远了	与箱子的摆放位置有关
为什么四孔圆柱不能滚落到箱子里？	攀爬架把四根圆柱挡住了	与圆柱的长短有关
为什么赫赫的三孔圆柱不能滚落到箱子里？	赫赫使劲用手推	与推球的手的力量有关
为什么轩轩的三孔圆柱不能滚落到箱子里？	与圆柱的摆放位置有关	与圆柱的摆放位置有关
为什么篮球不能滚落到箱子里？	里面有很多气，篮球被弹出去了	与使用不同的材料有关
为什么废旧篮球能滚落到箱子里？	里面气不多	与篮球的弹力大小有关

三、游戏的特点与价值

（一）反思游戏的深度学习

1. 在与不同材料的探索和互动过程中，幼儿发现材料与材料之间有一定的限制性，只能使单一的材料通过坡道。见下表：

材料名称	遇到问题	解决方法	结果验证
两孔圆柱	在梯子上掉落	铺木板、调整木板间的距离	进入收纳箱
三孔圆柱 四孔圆柱	圆柱较长， 卡在人字梯中间	未解决	
足球、大皮球 篮球、小皮球	皮球较宽， 卡在人字梯中间	未解决	

2. 不全面的认知是幼儿交往的绊脚石，幼儿尝试解决人字梯的缝隙，但明确拒绝别人的意见，坚持不断探寻方法，推动游戏深度发展。见

下图：

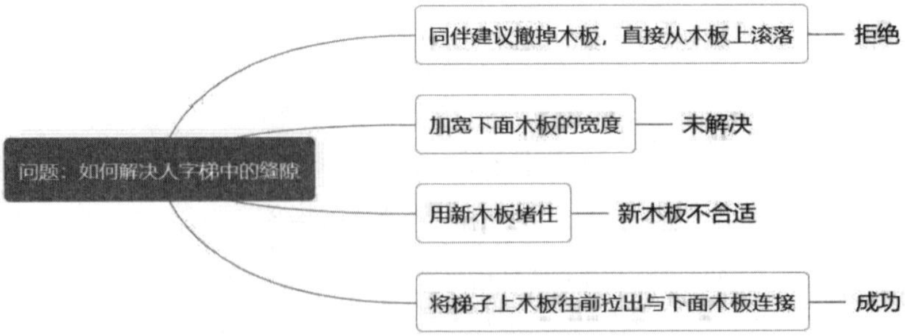

3. 幼儿有自己的思考制订小组计划，三个攀爬架加长坡道的长度，垫子这一设计想法提高坡道的斜度，更容易掌握材料滚落的速度。游戏中幼儿对材料的使用熟悉度和掌握程度非常高，始终以动态的形式不断观察、调整，保证木板的无缝连接，推动游戏发展。见下图：

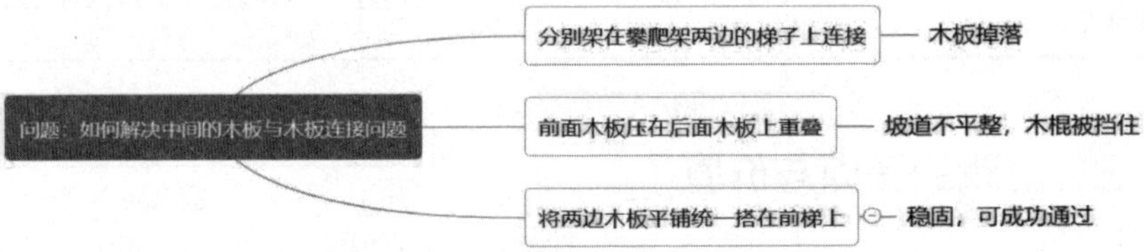

4. 围绕一个中心、经历多次游戏、渗透多个领域，五育融合获得整体新经验。如下图：

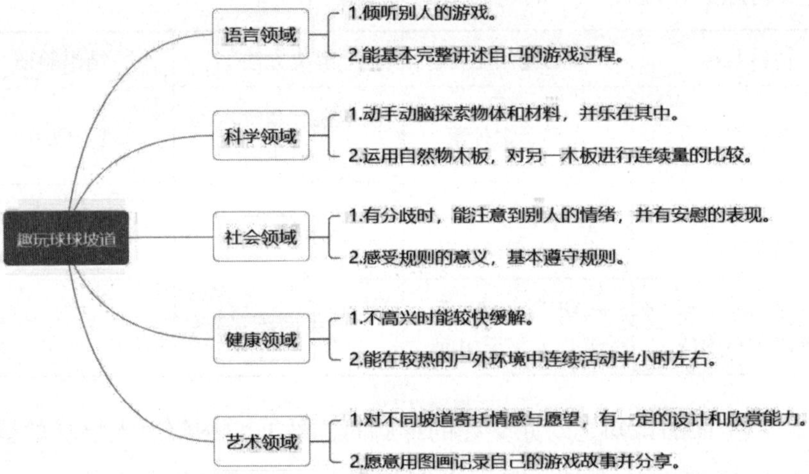

（二）从兴趣出发，立足儿童本位

1. 避免想当然的生成教育，生成教育的精髓在于追随幼儿兴趣。轩轩从一开始投入、重复游戏，到后来拿相机拍摄同伴、搭建新的坡道，幼儿的兴趣点一点一点发生改变，通过观察、了解才发现，轩轩有着当消防员的梦想，他憧憬消防员架云梯、在云梯中攀爬救人的画面，将自己梦想的职业特点、自豪感融入游戏。

2. 轩轩通过将木板一端对齐，使用自然物木板作为测量工具，来测量另一木板的长短。游戏中用到木板时幼儿以视觉感知的形式进行比较，同时通过物的两两比较体会量的相对性，做出适当选择。

3. 同伴之间对于下面木板的位置产生小分歧，但幼儿不断观察、探究和反思，直至解决问题，有利于幼儿交往和协作能力的发展。

4. 随着游戏的推进，幼儿产生新的需求：总是捡球，太麻烦了，要想办法留住圆柱，不让它滚走。旸旸巧妙地迁移运动会项目“快乐传递”的经验，不断调整，想出将圆柱放在收纳箱里的想法。

5. 游戏中有一名幼儿两次指出两个关键点，可见，未参加游戏的幼儿对于同伴游戏有一定积极的关注和影响，同伴之间也会潜移默化影响着无法从大人那里学习的领导的品质、如何对付敌意和威胁的技巧。

（三）师幼互动，聚焦实际问题

1. 游戏中我始终对幼儿进行追随与支持，开展游戏对话，引发幼儿思考，聚焦游戏问题，倾听游戏趣事。作为一名负责任的教师有时候必须有所作为，游戏后，我引导幼儿观察，什么时候去箱子中拿球合适？时刻保证幼儿安全。

2. 游戏中采用集体、小组两种分享形式，让同伴帮助他们解决问题，既可以拓宽他们的思维方式，又有利于培养同伴互助的精神。

3. 去除结果导向，一对一倾听并真实记录幼儿的想法和体验，重视幼儿绘画，借助幼儿拍摄的照片表达自己经历的游戏，收集整理录音，借助“马赛克方法”的多元工具，即使幼儿存在年龄、个体差异，也让每一个幼儿都能真正成为“发声”的主角，不再只是倾听的对象。

鲨鱼岛大冒险

年龄段：中班

观察教师：宋波晓（济南市章丘区东山实验幼儿园）

一、游戏背景

中四班的小朋友自入园以来，经常玩轮胎和独木桥，对玩轮胎和独木桥有经验基础。进入中班后，孩子们的力量、知识量变大，孩子们开始不满足于对单一材料的简单利用，开始对材料组合的玩法感兴趣。在一次玩轮胎时，东东和几个男孩合力搬来一座独木桥，铭渝提议“我们可以搭一个跑酷”。“跑酷”搭建成功之后，孩子们自发地就参与进来玩了起来。这天孩子们照常自主完成搭建，游戏了起来，玩的过程中跑酷关卡的高度也从两层轮胎升级到了三层，骏骏跑过来说：“老师我给它起了个名字，鲨鱼岛。”骏骏的创意吸引了我，从此开始追踪观察。

二、游戏实录

实录一：

来到户外，孩子们快速地用轮胎和独木桥搭好“鲨鱼岛”开始游戏，孩子们把其中一段桥的桥墩高度增加到了 4 层，骏骏站在一旁不动，我走过去问他怎么不玩呢？他说：“我发现了两个问题，一个是这个桥墩太高；另一个是大家有从这边上的，有从这边上的，怎么也分不清，所以大家都是乱套地走的，所以走到中间就不能走了，只能下去喽。”

教师反思：

在这一次的游戏中，骏骏发现桥墩 4 层太高，不方便上下；因为没有明确的规则，所以小朋友们从各个方向乱上，造成游戏混乱。

实录二：

户外游戏开始了，骏骏和孩子们合作搭好了“鲨鱼岛”，骏骏到桥上进行体验，边试边说“一次上两个人就平衡了”，但是玩着玩着骏骏站在一边不动了，顺着他的视线可以看到“鲨鱼岛”上又出现了“堵车”的状况。我问骏骏“怎么解决一下呢?”骏骏说“如果有一个闸门就好啦!”说着就去找材料，过了一会“闸门”被设计出来了，用一个轮胎立在第一层的桥面上，轮胎滚下“闸门”打开，轮胎归位“闸门”关上，骏骏热情地给孩子们介绍游戏规则“闸门打开一次上两个人”。很快骏骏找到了愿意担任“开闸人”的小朋友接替了他，骏骏又转到整个“鲨鱼岛”的前方观察，后面的一段的桥面是由三层过渡到一层，孩子们在游戏中需要从三层跳下来，骏骏观察了一下，转身找来轮胎搭建了一座两层的桥衔接前面三层的桥，小朋友们就都轻松的冒险成功，看到小朋友成功了骏骏开心地跳起来。

看到骏骏成功我为他高兴，就问他给游戏取的名字是什么，“鲨鱼岛大冒险”骏骏开心地说道。

教师反思：

骏骏“闸门”这一个设计，可谓点睛之笔，这一设计解决了从开始以来持续存在的一个问题——游戏没有方向。孩子们随意游戏比较混乱，有了“闸门”，就规定了游戏的方向和人数，使得游戏更加有序。

三、活动特点及价值所在

1. 建构能力的发展

轮胎就是组成桥墩的重要部分，看起来轮胎大致相同，但其实轮胎的直径和宽窄是有不同的。孩子们刚开始在选用轮胎的时候是随机使用轮胎，或者按照花纹喜好选用轮胎，这就会在承重之后出现桥面倾斜或者塌陷，经过多次试错，在这一次游戏中孩子们才意识到建设桥墩用的轮胎需要做比较筛选，统一用大小、宽窄相同的轮胎才能搭建出稳固的桥墩。

2. 游戏性质的改变

尼克泊罗指出，随着年龄的增长，儿童的假想游戏逐渐让位于规则游戏，儿童在游戏中的语言表述也由“我们假装怎样”转变为“规则规定怎么样”。纵观本次的游戏，骏骏在已有的游戏中添加上落岛即淘汰的规则，规定了上场的方向、上桥的人数，将一个随意摆放、随机参与的平行游戏推向更深层次的规则游戏。因为有了规则，竞争就开始出现，这就比平行游戏更加吸引孩子们参与进来，集思广益之下相信“鲨鱼岛大冒险”将来还会诞生更精密的设计。

吊绳游戏

年龄段：中班

观察教师：周广慧（济南市章丘区东山实验幼儿园）

一、游戏背景

野趣园的大树上系着绳子，那里是孩子们快乐的游乐场。他们三五成群，有的在吊绳上晃，有的穿越吊绳。本次游戏中的主人公是商梓棋小朋友，身高不占优势的一个小姑娘，但她非常喜欢在这个游戏区域反复尝试。

二、游戏过程

实录一：上不去

允承站在吊绳上，一边喊一边晃。梓棋双手抓住绳索，左脚踩在绳子上，没有上去：“你别晃，我上不去。”允承没有回应她。梓棋又补充道：“你到大树那边去吧。”允承还是置之不理。梓棋双手有意识地往上挪，还更换了右脚。5 分钟反复尝试十几次，仍然没有上去。

实录分析：允承的晃动有可能是梓棋上不去的原因之一，在晃动中难度系数增大。梓棋发声阻止两次，得不到允承的回应，梓棋嘟着小嘴巴表示不满。她没有求助老师，也没有求助同伴，而是一次又一次地不断尝试，去调整自己的姿势，可以看出梓棋有一定的耐心、不放弃，想要靠自己来解决问题。

实录二：上去又掉下来

在允承掉下来还没上去的那一瞬间，梓棋双手高过头顶，一用力气，成功上去了。梓棋站在绳子上努力保持平衡。

允承往南边走，梓棋也往南边挪动了两步。

允承晃动绳索，梓棋的身体也随着晃动，身体前仰后合。在允承晃动不厉害的时候，梓棋又往南挪动了一步，交换了绳子。

这时，梓棋的手里只握了一根绳子。玺媛加入了进来，绳子抖动得太厉害了，只有一根绳子的梓棋掉下来了。

实录分析：别看梓棋的个头不占优势，但她的观察能力强，懂得抓住时机，在那么一瞬间，全身心投入，力量爆发，第一次上吊绳取得成功。在身体稳定的时候，前进了几步。随之而来的喜悦又能促使她进行新一轮的探索。

调整与推进：

在现场抛出问题：吊绳怎样才能上去？

现场示范：

A：借助旁边的台子　　　　B：借助大树

实录三：相同的情景再次呈现

梓棋靠着大树，没有绳子可用，她对允承说："要不你先上完了吧。"梓棋等了一会，催促道："你快一点。"允承上去了，梓棋说道："给我吧，给我一根。"说完，从允承手里拉过一根绳子，成功站到吊绳上。此时，俩人的手里都只有一根绳子。允承有节奏的晃动，梓棋也跟着唱歌。梓棋的身体不受控制："哎呀，我掉下去了。"她从头开始，继续唱歌继续晃动。就在她只抓一根绳子的时候，又来了三个孩子，在剧烈的晃动下，梓棋又掉下来了。

实录分析：今天的梓棋选择了手扶大树的方法上吊绳，连续两次都成功了，说明这个方法非常适合她这种不高、力气小的孩子。她在享受吊绳晃动的过程中，她的上肢力量在逐步增强，手的抓握能力得到了发展，在吊绳上坚持的时间也长了。

综合三个视频来看：在晃动中上不去，在晃动中掉下来，在晃动中能挪动位置，尽管出现了各种状况，但在晃动中能快速提高幼儿的平衡能力。另外，也说明梓棋的平衡能力和手臂的力量不足以对抗周围环境中晃动的力量。

调整与推进：

集体分享：你们是怎么玩的？

倾听了几位小朋友的发言，收获了玩吊绳的经验，总结了以下策略：（绘画表征）

A. 站在绳子上，我们的身体就会不停地晃动，要先保持平衡，再往前走。

B. 走绳索的时候一定要抓紧上面的绳扣，不然就会掉下去。

C. 双手交替，不能只抓一根绳子。

实录四：穿越吊绳

梓棋一只手扶着大树，一只手抓绳子，两只脚成功地踩在绳子上，半蹲着。梓棋抓着一根绳子慢慢站起来。一旁的允承说："还好还好，商梓棋没掉下来。"梓棋立刻回应："你别说这个啦。"

今天的允承没有停留在原地晃动，两人就慢慢地往南边出发，梓棋按照自己的节奏穿越了吊绳。

实录分析：对于允承的调侃，梓棋还是有些在意的。在没有外在环境影响或是影响比较小的情况下，梓棋身体随着绳索的晃动，在空间上发生位移，顺利完成穿越吊绳。在此过程中，梓棋是非常小心的，身体重心需要不断调整，并且注意力要相对集中。

三、游戏中的学习与发展

（1）运动品质的培养

在吊绳游戏中，梓棋一次又一次从吊绳上掉下来，不逃避、不放弃，有较强的抗挫意识。

（2）运动技能的提升

吊绳游戏，从一次次上不去—成功上去—又掉下来—顺利穿越，在晃动中发展幼儿的抓握能力和臂力，他们用上肢力量保持身体平衡；在行进中，锻炼幼儿的手眼协调能力。

四、教师的反思

1. 教师给予幼儿心理上的支持

教师了解梓棋动作发展的现状，在游戏中并没有为其清除干扰，并给予了心理上的支持，让幼儿在逆境中得到快速成长。只有不去干扰孩子，才能看到更加真实的孩子。

2. 尊重个体差异，对幼儿未来发展的展望

尊重个体差异，相信孩子可以用自己的方式去学习去成长。只是每个孩子解决问题的能力存在着差异，每个孩子的成长有快有慢。“牵一只蜗牛去散步”说的也就是道理。

对于运动能力较弱的幼儿，教师要善于捕捉幼儿的点滴进步，通过适时的表扬，增强幼儿的自信。

3. 借助家园合作的力量

可提供在家玩的锻炼上肢力量的亲子小游戏：如推小车、拍球等，增强幼儿的上肢力量、耐力与身体协调能力。

进阶的小勇士

年龄段：中班

观察教师：鲁桂华（济南市章丘区教育和体育局）

一、活动背景

幼儿园的丛林探险区是孩子们最喜爱的乐园之一，是孩子们得天独厚的游乐场，其充足的空间让孩子们能够不受约束地尽情玩耍。在这个区域有许多石榴树、柿子树、低矮的灌木丛、小木屋，还有两只我们老师自己用 PVC 管制作的“长颈鹿”。中班上学期，开学一个多月以来孩子们的兴趣一直很高，他们热衷于在这里“炒菜”“过家家”“挖蚯蚓”“找化石”，玩得不亦乐乎。丛林探险区旁边是梯子放置的区域，无人问津，并且梯子堆放的位置经常会阻碍孩子们进出自然角，无形中带来一些安全隐患，我们正考虑是否将梯子移走时，发现了孩子在攀登中“进阶”的故事。一向胆小的男孩小吴，努力攀登“长颈鹿”，一次又一次地尝试，寻找解决办法。

二、活动内容与过程实录

开学一个多月来，小吴从来没有主动跟老师和小朋友交流过，不管做什么事情都喜欢独来独往。我经常看到他一个人蹲在两个橱子之间的小角落里，独自玩耍。户外活动时他经常自己回到班里，让老师比较担心和牵挂，因而我们会比较关注他。当我问他问题时，他从来不回答。这时，有的孩子会过来跟我说："老师，不用管他，他从来都不说话。"

实录一：（观看视频1）

户外自主游戏开始了，孩子们有的在玩"炒菜"，有的在"挖蚯蚓"，有的在观察树根。和周围的热闹不同，小吴独自一人，一直盯着丛林探险区里PVC大管子做的那只"鹿"在看，盯了一分钟后走到"鹿"的旁边摸摸它，然后抬头看看高处的鹿角，又站在较远的地方一动不动地看，然后转身离开了。

过了一会儿，我看到他从旁边拖来了一个梯子，他把梯子拖到了这只"鹿"的脚下，很吃力地将梯子一端抬起。这时汤圆过来跟他一起将梯子架在了鹿的身上，接着汤圆很灵活地借助梯子爬了上去，随后浩瀚也过来爬，这时小吴伸出两个手指头来说："只能两个人哦！"这时小芝麻也要来爬梯子，小吴用胳膊做出叉号的样子说："叮咚，叮咚，已经有两个人喽！"可是小芝麻还是往上爬，小吴不再劝说转身离开了。

教师的思考

一开始，小吴像往常一样还是一个人，当看到他盯着自然角的鹿在看时，我有一丝好奇："这孩子到底在想些什么呢?"过了一会儿他拖来了一个梯子，虽然隐隐有些安全方面的担心，但我没有制止而是看着他要怎么玩。看到他把梯子拖到鹿的脚下，很吃力地抬起，我恍然大悟，原来他是想要爬到鹿上面去。从想站到鹿上预估到自己上不去，再到找梯子来，这就是一个遇到问题并解决问题的过程，这反映出他在原有经验的基础上所进行的推理和思考，他用自己的方式慢慢建构新的经验。

他架上梯子，引来了小伙伴的参与，这是与同伴交往的一大步！而且当同伴抢先攀爬时，小吴没有阻止和对抗，而到另一个小伙伴要爬时他却说"已经有两个人喽!"并做出叉号，不能再上的动作。这说明小吴的安全意识很强，知道这只鹿是有危险的，不能上太多的人，对安全攀爬有自己的预估。但是当自己的劝说并没有奏效，小吴没有继续坚持，而是选择了转身离开。作为老师，我心里很希望小吴能够勇敢地表达，不再退缩，在交往方面能有一个突破。但我想，孩子有自己的节奏和方法，还是再等一等吧。

游戏中，面对幼儿一些"反常"的行为，教师不能急于求成，而是应当耐心追随幼儿的脚步，多一些等待，就是在给孩子建设自我探索的安全空间。让总是一个人独处的孩子，自己走了出来，对熟悉的环境和同伴慢慢建立安全感。

实录二：(观看视频2)

过了一会儿，他看到梯子上没有人了，又回到了梯子旁。他开始从第一层梯子慢慢地往上爬，爬到第四层的时候，他伸出左脚直接踩到鹿的身上，试了一下马上收了回来，接着他又转了一下身子，刚要坐到第五层上，又转过身来回到了原来的姿势，接着他左脚踩在第五层上，右脚踩在第四层上，这样两腿不时地晃悠晃悠，这期间他抬头看了看我，就这个姿势保持了将近一分钟。

另一边骑在鹿身上的汤圆从上面跳了下去。小吴将右腿跪在了鹿的身上，接着他慢慢地将左腿也跪在了上面，又慢慢地将手扶到最高处，慢慢地站了起来，接着回头看了看我，又向远处看了看，接着他蹲了下来，慢慢地趴在鹿的身体上把腿放了下来，一跳跳到了地上，接着他攥起拳头举过头顶跳着说："哈夏，耶！哈夏，耶！"（附欢呼视频）

教师的思考

小吴逐渐爬高的过程中，在保证安全稳定的基础上，用双脚进行了多次试探，但是仍然不敢大胆地踩上去，这里是他建立信心的临界点。当他在这个小困难面前，感受到老师无声地鼓励和支持时，选择了继续接受挑战，整个过程他都在小心翼翼地进行，这也充分证明了他是一个做事小心谨慎的孩子。当他安全地回到地面时，一边攥起拳头举过头顶，一边发出"哈夏，耶"的声音，这就是游戏给予小吴以"我能胜任"的快乐体验，这种体验不是在他人的帮助下产生的，而是他自己克服内心的害怕逐步站到高处后并安全着陆的时候，在他与梯子之间建立的一种特殊的掌握或控制关系的时候。正是这种关系使小吴获得了自信与成就感。

同时，我们也看到同伴的榜样示范的重要作用。模仿是幼儿"无师自通"的学习能力，在孩子们自发形成的游戏大环境中，更加有利于幼儿良好个性的形成。

实录三：（观看视频3）

兴奋过后，小吴又一次尝试爬梯子，他一边爬一边对旁边的可乐说："我敢爬！你也敢爬吗?"这一次他又用第一次的动作很快地站到了鹿身上，他站在最高处看了很久又很快地从上面跳了下来。

游戏结束后我一再鼓励小吴来说说自己今天的游戏内容，并将此视频播放给全班小朋友观看，小朋友们鸦雀无声，他们肯定也跟我一样，会重新认识他们的伙伴——小吴。

接下来小朋友们将自己所玩的游戏用绘画的形式表征了下来。这是小吴的作品。

教师的思考

游戏中，小吴从一次次的试探性动作到站到最高点再到安全着陆，就是一个从害怕、恐惧到勇敢、自信到快乐的过程，游戏为小吴探索自己的能力提供了机会。

当幼儿有了成功的体验，不仅自己充满自豪和骄傲，还非常乐意向周围的同伴发出交往的信号，分享成功的经验。

教师捕捉到珍贵的"哇时刻"，看到孩子成长的闪光点，游戏中是无声的支持者，让孩子找到自信的初阶；而游戏后来自教师视角的分享，则带给孩子有声的鼓励和赞扬，这是引领幼儿敢于接受挑战、突破自我的进阶。

观察孩子的绘画作品，可以看到柔和清晰的线条、明媚清新的用色、稳定有控制的运笔，尤其是两个形象生动可爱，面带微笑，欢欣愉悦的情绪呼之欲出，面向右边留出更大的空间，能够感受到孩子对未来充满了美好的期待。

三、活动的特点及价值所在

（一）挖掘游戏中儿童的情感体验与社会性发展的价值

刘焱教授说：游戏可以作为儿童发展的一面镜子，反映着儿童的性格特点与发展情况。本活动是在幼儿自主交流中生发的，教师及时捕捉到幼儿面对的困难。游戏过程中，始终关注幼儿呈现的心理状态，及时评估幼儿原有经验和挑战之间的距离，给孩子提供了一个可探索的安全空间，促进了幼儿良好的情感体验。接下来我在班里开展了一系列活动：

1. 绘本引导，进行“勇敢”的品格主题活动

我借助绘本《黑黑的怪兽》《勇敢的小公鸡》以及小故事《司马光砸缸》让幼儿知道了勇敢的定义，就是不怕困难，有胆量。又借助绘本《勇敢做自己》引导孩子学会欣赏自己，相信自己，勇敢做自己。通过对这些绘本的阅读，再也没有孩子说小吴“有病”了，这之后小吴再也没有自己跑回教室，并且我会经常从他的脸上看到微笑。最重要的是，他能够愉快地参与集体活动，和同伴一起游戏。

2. 体育活动，促进幼儿品格的培养

在本学期的轮滑课上，看到小吴在轮滑课初期因找不到平衡而一次又一次地摔倒时，我真真切切地替他捏把汗，但他一次又一次地爬了起来，并且在本学期的运动嘉年华活动中他从最低的跨栏一直挑战到较高跨栏。他一次次从游戏活动中体验了成就感，增强了自信心，我相信这些都是游戏给予孩子的馈赠。

（二）尊重幼儿的兴趣和意愿，放手让幼儿自由探索

在这个安静的游戏小角落，一个孩子用他的方式完成了对自我的挑战，在老师安静的陪伴与无声的鼓励下，经历了观察探究—反复尝试—体验成功的过程，幼儿遇到问题后通过观察、思考、操作，在一次次的尝试中，不仅发展了动作技能，提高了解决问题的能力，并且积累了愉快的成功体验，增强了自信，促进了幼儿游戏水平的提升，勇敢自信的品质逐渐萌发。

虽然教师没有事先准备丰富的材料，甚至环境并不是那么理想，但是只要给予幼儿充分的自由，他们就能发现各种有意思的挑战，而且不轻言放弃，反复尝试，从中获得学习和发展，带给我们很多意想不到的惊喜。

（三）存在不足与改进之处

在游戏中我们能够看到幼儿的自然与本真，挑战与发展，又能够看到教师的敢于放手，安静陪伴，但其中也存在几个值得我们进一步思考和改进的问题。

1. 应当更全面地关注幼儿的游戏

这个案例中更多的关注点放在了“爬梯子”上，忽略了整体的游戏。教师的观察应当更加全面，不但要关注问题明显的地方，关注点放在某个幼儿身上，更要把握游戏的整体，观察游戏的整个脉络，关注每个幼儿的不同游戏内容和形式。

2. 更深入对幼儿进行启发、支持和引导，开展系统的游戏活动

在这个游戏中，只停留在对单一内容的观察上，缺乏对内容的延伸和升华，局限于片段化的呈现，后续虽然也开展了系列活动，但是缺乏系统的记录和资料留存。今后可以持续进行观察记录，形成系统的关于幼儿自信心养成的游戏课程。

游戏与幼儿的发展紧密相连，能够真实反映幼儿的成长，通过这种联系，充分了解幼儿的个性特点，尝试丰富幼儿的游戏体验，不断扩展幼儿思维，促进他们的发展，静待花开！

一起去闯关

年龄段：中班

观察教师：李慧（济南市章丘区东山实验幼儿园）

一、游戏背景

足球场的体能区，宽敞且资源丰富，有充足的活动空间以及梯子、滚筒、长板、垫子等多样的游戏材料，为孩子们提供了一个绝佳的探险场所。通过幼儿的游戏表征和与他们的谈话了解到，前期幼儿利用梯子和一些辅助材料搭建过不同的闯关游戏，但搭建的游戏通道比较短，材料组合相对简单。这次在制订游戏计划的时候，晓晴、昊昊、果果等几个小朋友想合作搭建一个更长更难的闯关游戏。这个愿望充满了对未知的探索和对挑战的渴望，也预示着他们将在游戏中收获更多的成长与快乐。

二、观察实录

（一）初建闯关通道：合作游戏，解决问题

孩子们开始构建闯关通道，使用大安吉箱、滚筒和梯子。昊昊在滚筒上盖上绿色板子，晓晴则搬来梯子连接滚筒和大安吉箱。随后，他们又搬来小安吉箱，尝试用梯子连接滚筒和小安吉箱，但尝试了 4 次均失败。在果果的建议下，他们更换了一架更长的梯子，成功连接。最后，他们在大安吉箱前铺上垫子，初步完成了闯关通道。

昊昊在滚筒上盖上绿色板子

用梯子连接滚筒和大安吉箱

教师的思考

在孩子们构建闯关通道的过程中，我观察到他们展现了出色的团队协作精神和解决问题的能力。面对梯子连接不成功的挑战，他们没有放弃，而是不断尝试和调整。晓晴和昊昊通过改变箱子的位置和调整距离来尝试解决问题，这显示出他们的观察力和动手能力。而果果提出的更换梯子的建议，则体现了他的创新思维和解决问题的能力。

（二）闯关通道升级：创新思维，增加难度

通道建成后，孩子们开始体验闯关游戏。玩过两次后，晓晴和果果觉得难度不够，提议增加挑战。果果建议加梯子和小跳箱，晓晴则提议加安吉箱，昊昊也提议放标志桶。我鼓励他们一起商量。

晓晴和果果尝试将小安吉箱摞起来，但放弃了。昊昊提议将安吉箱并排连接，并巧妙地利用倒下的跳箱，增加了通道的长度和难度。

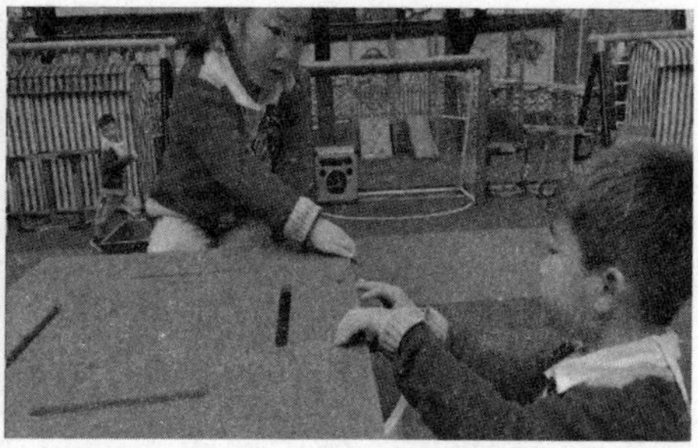

教师的思考

孩子们在体验中发现问题，并主动提出解决方案，体现了他们的主动性和创新思维。他们通过合作与尝试，成功升级了闯关通道，不仅增加了游戏的趣味性，也锻炼了他们的问题解决能力。

（三）闯关遇险：应变保护，勇于尝试

闯关游戏进行中，果果和晓晴从小安吉箱上意外滑落，原因是箱子边缘有水太滑。我检查两人无碍后，引导他们思考解决办法。晓晴提出不踩边缘，果果则直接擦去水渍。

随后，晓晴面对滚筒上的绿色板子表现出犹豫和恐惧。我询问原因，她担心板子不牢固。昊昊鼓励她尝试，晓晴经过一番小心试探，最终成功爬过并闯关成功。

教师的思考

孩子们在闯关过程中遇到了意外和困难，但他们能够冷静思考并寻找解决办法，这体现了他们的应变能力和自我保护意识。同时，他们也展示了勇于尝试和克服恐惧的精神。作为教师，我应继续关注孩子们在游戏中的表现和体验，及时给予指导和支持，帮助他们提升自我解决问题的能力。此外，我还应重视游戏材料的安全性，确保孩子们在游戏中的安全。

（四）闯关投篮巧结合：创造力，综合技能

经过多次闯关，孩子们速度渐缓。我询问是否完成设计，晓晴和昊昊表示想增加难度。他们找来滚筒置于通道前端，并提议与投篮结合。随后，篮球被放置在大安吉箱上。孩子们跳过跳箱，走过小安吉箱，翻过梯子，到达大安吉箱后拿起篮球，展开了集闯关与投篮于一体的新游戏。

搬运滚筒做篮筐

投掷

教师的思考

孩子们在游戏过程中展现出了出色的创造力和想象力，他们将闯关与投篮巧妙结合，为游戏带来了新的乐趣和挑战。这种自主创新和尝试的精神是宝贵的。作为教师，应积极鼓励和支持孩子们的这种探索行为，为他们提供更多的机会和空间来发挥创造力。

三、游戏后的对话与倾听

游戏结束后，我与孩子们围坐在一起，分享今天的游戏。

教师：你们在这次游戏中有没有遇到什么问题？

果果：绿色的板子翘起来了。

晓晴：小朋友都特别怕这个板子，这个板子会翘起来。

教师：那有什么办法可以让它更牢固？

晓晴：爬的时候不要靠边在中间就可以了。

接下来孩子们对游戏进行了绘画表征，将今天的游戏进行了分享。

教师的思考

游戏后的对话与倾听，不仅是孩子们分享体验、交流感受的过程，更是他们自我反思和学习的宝贵时刻。从孩子们的对话中，我了解到绿色板子的问题成为他们游戏中的一个障碍。他们不仅提出了问题，还尝试给出了解决方案，这体现了他们的主动性和解决问题的能力。同时，绘画表征的方式也帮助他们更好地回顾和总结了今天的游戏体验。

四、特点与价值

（一）多元技能融合，激发挑战精神

随着关卡的完善，运动也更加全面：跨跳箱、爬梯子、跳跃、控制身体平衡、投掷等，这是运动技能与智力挑战的融合，能激发幼儿的挑战精神，提升他们的综合素质和解决问题的能力。

（二）自主设计玩法，展现创新思维

在游戏中，幼儿享有高度的自主权，可以根据自己的兴趣和想象来设计游戏内容和规则，在游戏中尽情发挥创造力和想象力。

（三）同伴互动合作，促进情感发展

闯关游戏为幼儿提供了与同伴互动和合作的机会，在共同完成任务的过程中培养社交能力和团队合作精神。游戏中的挑战和成功经历也有助于提升幼儿的自信心和自我认同感，促进情感发展。

五、下一步支持建议和策略

（一）深化冒险与挑战设计，提升游戏趣味性

从满足中班幼儿对冒险和挑战的兴趣出发，可以增加隐藏障碍、随机事件等更具不确定性和复杂性的环节，使每次闯关都充满新鲜感和挑战

性，从而进一步提升游戏的趣味性。

（二）创新路线与技能元素，强化体能锻炼

将闯关路线进行升级，从直线拓展为环线或迷宫式，以增加游戏的复杂性和挑战性。同时，融入更多动作技能元素，使幼儿在享受游戏乐趣的同时，得到全面的体能锻炼。

（三）融入生活经验，丰富游戏材料与内容

结合电视节目或生活中的闯关经验，设计更具生活气息的游戏环节。同时，通过分享图片、视频以及搜集更多闯关游戏，不断丰富游戏材料和内容，以激发幼儿的创造力和想象力，让他们在游戏中获得更多成长和收获。

大班（5—6 岁）

“冰壶”大战

年龄段：大班

观察教师：张珊（济南市章丘区东山实验幼儿园）

一、活动背景

《3—6 岁儿童学习与发展指南》中提出：要充分利用各种自然物、废旧材料和常见物品开展活动。幼儿园有很多的废旧材料，是作为孩子们自主游戏的基本材料，天台的跑酷区是孩子们很喜欢的场地，他们可以在那里肆意奔跑、躲猫猫。近期跑酷区的滑索吊环因为刷漆原因全部被拆了下来，成了孩子们的“新伙伴”，于是，我对孩子们的新玩法进行了持续性观察。

二、活动实录

实录一：

天气炎热，操场上的纳凉地儿越来越少，我们来到三楼天台跑酷区找凉快，“保龄球”我被一阵呐喊声吸引过来，只见石榴、可乐、糖糖捡了 4 个吊环在钻爬区自由地玩着，石榴让一个吊环从一端快速滑到另一端，糖糖兴奋地喊“保龄球”，石榴又丢一个，可乐快速把没有滑到头的吊环捡起来，又一起丢给了石榴，石榴一个接一个地往一边丢，另一边的可乐和糖糖轮流丢回去，游戏反复进行着。

教师的思考

通过游戏可以看出大班幼儿的游戏经验很丰富，并且在游戏中能主动反映多样的生活经验。在这次游戏中，孩子们能利用旧材料玩出新颖的游戏，他们喜欢和同伴玩耍，社会合作交往能力获得了发展，但通过糖糖的"保龄球"话语，可以看出孩子们对游戏的了解并不够。

教师的支持

回到教室，和孩子们观看了游戏视频，对"什么是保龄球游戏"展开了讨论：

俊尧：保龄球是用球打倒瓶子。

睿睿：保龄球的瓶子是摆成三角形的。

闹闹：我见过一个运动会项目和他们玩的很像，我忘了叫什么了。

我：是不是冰壶?

闹闹：对对对，就是冰壶。

找了相关冰壶的视频资料，和孩子一起观看，再次讨论，我们的"冰壶"游戏怎么玩儿?

石榴：我们两边分开，每队有相同的把手，哪个队先到中间的位置哪个队获胜。

我：怎么区分呢?

孩子们在教室寻找辅助材料，最终选择了不同颜色的扭扭棒，开启了第二次游戏……

实录二：

一到天台，孩子们就开始寻找吊环，最终找到了 6 个，绑好扭扭棒，石榴拿到了黄色，说："黄色找我"，新加入的果果拿到了红色，说："红色找我"，分战队站好。石榴的黄队在太阳地，于是，他跑到对方战队说："换一换，我们换一换。"果果队长带着红队来到了太阳地，接着"黄队队长"石榴说："我打糖糖一局，然后你（小二）跟果果，你（Kimi）跟可乐，我先跟糖糖”，果果说：“一人弄一次。”

教师的思考

活动符合大班幼儿的发展，在游戏中教师一直处于观察者的身份，幼儿自主探索，制定规则，充分发挥了幼儿的交往能力，同伴间的相互合作、协商使幼儿对游戏充满了兴趣。

实录三：

游戏进行中，由于规则问题，游戏的创建者展开了讨论。讨论过程中，Kimi 小朋友一直沉浸在滑动的乐趣中，不管红队还是黄队，到手的都得丢出去，糖糖说“你们都不懂”后发现了“捣乱”的 Kimi，说：“谁让你们乱扔的”，鑫浩说：“不是我，我都没玩儿。”其他小伙伴都指认 Kimi，接着糖糖说：“你出局了。”石榴说：“换一个人，谁想玩，少一个人。”鑫浩和俊尧都想加入，石榴决定用“点兵点将”留下一个，结果是鑫浩，俊尧不服气，又自己点了一次，是自己。

教师的思考

大班幼儿不仅可以动脑思考，还会运用生活中的已有经验来解决问题，并且懂得分享表达自己的想法，希望获得同伴的认可，同时，懂得合作的意义。孩子们独立解决问题的能力让我很震惊，我深刻体会到，幼儿才是游戏的主人，他们是天生的探索者。

三、活动分析与反思

（一）教师选择适宜的介入时机和方式，为幼儿提供恰当的支持

在幼儿的游戏过程中，教师首先是一名观察者，我关注并欣赏着幼儿自主探索的行为表现。当幼儿有问题时，教师恰当地介入，给予经验支持。在这个游戏中，幼儿始终是游戏规则的制造者和执行者。在幼儿游戏中，教师要大胆放手，相信幼儿，同时还要细心观察幼儿的每一个关键的游戏环节，紧跟幼儿的游戏进程和发展节奏。

（二）幼儿解决问题的能力和社会性发展

没有自由探索，就没有解决问题的能力；没有解决问题，就没有学习。当发现游戏中的问题时，幼儿会在教师的经验引导下，经过思考，通过自身的努力去想办法应对。协商合作是游戏中不可避免的环节，在讨论中幼儿的人际交往能力明显提升。遇到问题时，老师不再是游戏中请求帮助的首选，他们能够自主地解决问题。

（三）下一步支持策略

1. 为幼儿提供记分牌，提供裁判和参赛者的标识。

2. 开展情感教育，了解奥运相关知识和友谊、团结、公平的奥运精神，不是不能输，是要拼搏到底，只有拼搏过、努力过、坚持过，才不会留下遗憾。

与你“筒”行

年龄段：大班

观察教师：王鹏 阚承敏 张晓涵（济南市章丘区东山实验幼儿园）

一、游戏背景

幼儿园里的滚筒一直深受孩子们喜欢，作为一种低结构材料，孩子可以按自己的方式去玩。自从我们来到“童玩汇”，孩子们对滚筒就有了接触，但大多数孩子玩滚筒的方式停留在钻进滚筒里玩捉迷藏，或两两组队，一个钻、一个推。近期孩子们有了在滚筒上站起来、走起来的想法，他们都来找老师帮忙，滚筒的后面排起了长长的队伍，老师们依次扶着孩子们在滚筒上行走，每次轮不到几次就结束了。那接下来会发生怎样的故事呢？让我们一起跟随孩子去挑“战”滚筒吧！

二、观察实录

实录一：(3 月 30 日上午) 初“战”滚筒

游戏时间，诗玥想要站上滚筒，却总是顺着滚筒滑下来，马传骥见状过来围观，伸手将滚筒扶住，诗玥再次尝试，还是失败。诗玥扶住滚筒让马传骥尝试，没走几步便滑了下来。他们用同样的方法又试了两次，还是两三步就滑下来。一直在观看的馨馨说：“我也来试试。”馨馨尝试着说：“我上不去。”诗玥走过来说：“马传骥，咱俩给她扶住。”滚筒被扶住以后馨馨很轻松地上去了，还顺利地向前向后各走了几步跳了下来。马传骥再次上去，也顺利地向前走了好几步，馨馨说：“加油！”他们三个就这样互相帮助轮流尝试着。渐渐地，馨馨脸上露出满意的笑容。慢慢地，馨馨和诗玥开始关注“谁站在滚筒的时间上长一些”，他们轮流在滚筒上尝试，馨馨和诗玥时不时地跑到我身边看手机上录像的秒数。

分享环节，和大家一起进行讨论。

诗玥：我能上去，但站不起来，一站起来我就紧张。

航航：我之前试过好几次都没成功，滚筒老是动。

传骥：我在滚筒上的时候腿是一直抖的，站不直。

馨馨：我需要他们帮我固定我才敢上去，我在上面走的时候都屏住呼吸，心里很害怕；不过我感觉我快学会了。

娜娜：我上去之后控制不住滚筒，特别害怕从上面摔下来。

我：馨馨，你是怎样保持平衡在滚筒上站起来的?

馨馨：先让他们帮我控制住滚筒，然后轻轻地上去，慢慢地挪动脚。快摔下来的时候快速跳下来。

实录二：（3 月 30 日下午—31 日上午）挑“战”滚筒

今天的游戏时间，马传骥拿来一根高跷并尝试用它协助自己爬上滚筒。他先将高跷放在滚筒前面撑地，然后两脚小心翼翼地交替爬上滚筒，再用高跷撑地来协助自己保持平衡，当滚筒滚动一点，再挪动高跷的位置。这样上来下去一共尝试了 12 次，在第 10 次的时候在滚筒上坚持了七秒钟，这是他坚持时间最长的一次。旁边的禹彤过来说：“让我试试吧!”但禹彤并没有成功爬上去，把高跷又给了马传骥，马传骥继续练了起来。

在传骥的影响下其他小朋友也开始借助高跷来“征服”滚筒，用同样的方法很快成功地站到了高跷上，但还是无法坚持太久。宇恒也拿了一副高跷尝试了起来，最开始就算借助高跷他也无法爬上滚筒，在无数次的坚持下，他可以短暂地坐在滚筒上，但无法站起来，滚筒滚动的速度较快，他为了不掉下去，都会迅速骑在滚筒上，可他并没有放弃，户外活动中他一直在爬上去掉下来地坚持着。

滚筒初“战”问题梳理

遇到的问题	解决的办法	获得的成效
滚筒来回滚动，不易固定，幼儿很难让两只脚都上去	同伴相互搀扶固定重心	基本能站上滚筒
多人一起相互帮忙可以爬上滚筒，但等待时间太久	利用高跷，借助物体来固定重心	
站上滚筒后腿部发抖，导致滚筒摇晃	教师在旁边保护幼儿，克服幼儿恐惧心理将双手打开，保持身体平衡	

实录三：（4 月 13 日）花样“战”滚筒

一段时间后，在征服滚筒这件事上，只剩下诗玥和馨馨，传骥和其他人都在反反复复的试验中退出。而在这段时间里，诗玥和馨馨在没人辅助的情况下顺利站上滚筒并行进 4 米左右，甚至可以控制前进的方向，滚筒向前向后，都轻松自如。他们的脸上也出现了惊喜的表情。

她们面对面站后，又有了新的想法：“诗玥你上来我们一起走。”诗玥稳住滚筒上去，两人站在了一个桶上，牵着手，尝试同方向行进，没有几步就掉下来了，在这个过程中，她们一直相互鼓励，加油奋进，而且非常开心。

这次她们又有了新想法，她们要交换踩滚筒，诗玥和馨馨各踩着滚筒面对面走来，两个滚筒碰在一起后，诗玥先迅速迈到馨馨的滚筒上，自己的滚筒却滚到了后面，两人没坚持多长时间，以失败告终。

在交换失败后，回到教室大家一起讨论。

问题一：为什么他们交换没有成功？

鸿森：交换的时候滚筒滚动没有站稳。

朵朵：他们还没站稳呢，就交换，就很容易摔下去。

问题二：我们用什么方法交换才会成功呢？

若溪：要让两个滚筒挨在一起，等滚筒不动了再换。

劲邦：不能同时换。

下午的游戏中，他们又开始了反反复复的尝试。没用多久，便能顺利行进。馨馨很惊讶地看着我，伸手比“耶”，还为自己鼓掌！在之后的游戏中，他们交换玩滚筒的动作越来越熟练。

在熟练之后，她们开始尝试行进抛接沙包，馨馨说：“我好像一个杂技演员呀!”诗玥也将她最擅长的跳绳加入游戏中，她要在滚筒上挑战跳绳！但是滚筒的接触面是凸面，既要保证能跳过去，又要保证能平稳地站在上面。相比前面的几项技能，这无疑是最困难的。但她在尝试，掉下来、站上去、跳不过去、又掉下来、再爬上去……一直这样循环，最后一下终于成功了!

三、分析与思考

（一）克服恐惧，反复尝试

大班幼儿对挑战性游戏的探索欲望越发浓厚，通过和孩子们分享得知他们的内心恐惧，但他们面对恐惧并没有抗拒，而是在同伴的陪伴和互相鼓励下，勇敢地去尝试，并将前期的经验运用其中，三人互相合作扶住滚筒就能迈出站在上面的“第一步”，这种尝试的过程，是孩子们自我克服的过程，也为后期再体验增强了自信心!

（二）积累经验，专注游戏

幼儿每一次的尝试都是对滚筒“滚动”的适应能力和控制能力的锻炼，为了减少等待，幼儿在游戏中借助高跷反复练习，一直在尝试、受挫、再尝试中循环，他们的身体平衡能力在不断得到练习，正是这种坚持更加激发了他们的专注力和意志力。幼儿能够积极主动地游戏，同时也为自己积累方法和经验。

（三）迁移经验，学以创新

随着滚筒的不断挑“战”，孩子们的心理素质和学习运动的基本技能也随之变化和扩延。诗玥和馨馨从单纯的站上去到尝试新玩法，是一种新的运动能力的认知，她们在不断失败尝试后调整自己的方法和动作经验，找到了能轻松交换的关键点，也是解决问题的支点。

她们不断挑战自我运动的技能，运用经验创新玩法，虽然诗玥尝试多次跳绳没有成功，但这对诗玥的动作协调能力也是一种突破和挑战，只要给孩子足够的时间，相信她们会慢慢找到方法。

四、教师反思

1. 看似简单的滚筒给孩子们带来了无限的挑战，通过赢得这样的挑战，会让他们觉得自己行，自己真厉害，会让他们更加自信，他们勇敢探索、大胆尝试、不畏艰难的品质就会逐渐形成。

2. 游戏对孩子的发展是因人而异的，他们借助高跷摆脱等待长的问题，按照自己的节奏，小步递增、循序渐进，这都是孩子们在自主探索、解决能力的体现。虽然有的孩子选择了放弃，一直模仿的孩子也没有成功，但他们无数次的尝试和坚持，让他们身体的协调能力得到发展和提升。

3. 让孩子参与到评价讨论中来，体现了孩子游戏的主体性。其中不打断和否定孩子们的想法，鼓励他们大胆发言，通过经验交流，他们从“不敢上”到“不敢动”再到“自由行走”的每个环节，发展了他们的运动思维能力，积累了他们的游戏经验，提高了他们的游戏水平和自信心。

老师们，只要我们学会相信和放手，我们每天都会发现了不起的孩子，不断发展的孩子！

滚筒与坡道

年龄段：大班

观察教师：齐雪飞（济南市章丘区东山实验幼儿园）

一、游戏背景

四月中旬，孩子们在玩冒险梯游戏，炜宸、博宇等用大方梯、小方梯以及木板搭建了一组滑梯，他们一个接着一个从“滑梯”上滑下来，这时嘉禄说：“我们把大滚筒搬上来，也让它滚下去吧。”他的提议得到了其他孩子的回应，于是他们将滚筒移动到“滑梯”前，书瑜等七个小朋友来推，嘉禄等三个小朋友在方梯上往上拉，在他们的合力配合下滚筒滚了上去，接着滚筒从木板上滚了下去。

二、活动过程与实录

（一）滚筒上坡好费劲

浩桐、乐乐、家颐、书瑜把滚筒又运到了方梯的木板前，他们四个往上推，煦晗、一博等三人一起往上拉，这时炜宸、令璋都过来一起往上推，在他们九人的一起又拉又推下，滚筒终于到了小方梯上，就这样滚筒滚下来后他们又重新再齐心协力将滚筒推上去，当推到第五次时，他们怎么推都上不去了。

教师的思考

俗话说：上山容易下山难，而滚筒上坡却恰好相反。重重的滚筒想要爬上斜坡，这对孩子们来说的确是一个不小的挑战。木板与方梯之间有一段距离，导致滚筒总是卡住，经过五次的上坡，孩子们的体力下降，他们没有力气再让滚筒上坡。

（二）叠加木板，修补坡道

当他们休息一会儿后想再一次尝试往上推时，乐乐说：“不行不行，这样太费劲了，你们等会儿!”只见他从旁边又拿来一块木板，说：“把它接在上面。”他将木板叠加在坡道上，并将木板上段卡到方梯的顶上，将坡道上方的距离进行修补，这时俊奎蹲下来指着木板下端说：“滚筒上来的时候，这里有块空就会卡在这里!”乐乐说：“试试，试试!”说完他马上爬到方梯上扶着上面的木板，其他人尝试将滚筒推上去，可滚筒纹丝不动。这时乐乐去掉叠加木板，直接将木板搭在了方梯的顶部。书瑜说：“这样太斜了吧!”说完他们开始往上推滚筒，滚筒卡在木板底部还是不动。

教师的思考

整个过程中，孩子们自主发现问题，并积极想办法去解决，当乐乐尝试按照自己的想法去解决问题时，俊奎发出了质疑的声音，这些问题的生成恰恰是孩子们学习的开始。本次尝试虽然不成功，但同伴间的商讨成为他们解决问题的重要过程。

游戏分享

游戏后集体观看了游戏片段，讨论了以下问题：将滚筒往上运时，大家是什么样的感受？滚筒被运到哪个位置时最费劲？为什么？后来将木板做了怎样的调整？成功了没有？你觉得这次的问题出在哪里？大家都觉得运滚筒很费劲，很累。乐乐将他们发现的问题及每一次解决的办法描述了一遍，“这次的问题出在哪里呢?”书瑜说：“木板太斜了，根本上不去。”“那你们觉得怎样解决这个问题呢?”书瑜说：“我觉得得把木板放平一点。”俊奎说：“放平了木板就够不到方梯的顶了。”若晨说：“可以在木板下面再摞一些木板，垫在下面。”我建议他们下次试试自己的办法。

（三）更换材料，延长坡道

第二次游戏时，他们想将木板架平，先后尝试了 3 种不同高度的三角梯，最终选择了稍微矮一点地放在了方梯旁边，并将木板架在了矮的三角梯上，煦晗说："这样也不平啊。"这时乐乐叫着泽林来到存放梯子的地方，搬着一架比较长的梯子走了过来，书瑜说："把它放在下面就行，垫起来。"他们把梯子放在了地上，与木板连接了起来，泽林、乐乐、书瑜、浩桐开始往上推，煦晗、俊奎从上面往上拉，滚筒终于上去了。看着滚筒从上面滚了下来，书瑜、泽林高兴地拍起手来。这时，书瑜转过头来说："这样也不轻松啊，也费劲。"煦晗说："可以把梯子放在这里。"他指了指放木板的地方，于是若晨开始把木板拿开，乐乐把梯子架了上去，让它正好卡到三角梯上，家颐、若晨、浩桐在下面推，煦晗、俊奎在上面拉，一会儿滚筒就上去了，若晨、书瑜笑着说："这个方法好！"就这样，他们来回地运了五六次。

游戏分享

游戏后我们又集体观看了片段，谈论了几个问题：

1. 浩桐为什么要将木板放平？浩桐说："木板越平滚筒越容易上。"

2. 将木梯铺在地上有什么作用？省力了没有？书瑜说："以前滚筒到木板那里的时候总是被卡住，我想连上个梯子它就不会卡住了，可是感觉还是会卡住，也没觉得轻松。"

3. 最后又想了什么方法？省力了吗？为什么换成长梯子就省力了呢？若晨说："我们把长梯直接搭在了方梯上，这样我们两三个人推感觉挺轻松的。我觉得这个方法很好！"对于为什么省力浩桐说："因为长梯子木板长，长梯搭的坡比较平，所以好上。"通过游戏分享，孩子们自己总结出了"斜面高度不变，增加斜面的长度，斜坡越长越省力"的道理。

三、分析与反思

（一）科学探究游戏，提升幼儿科学素养

幼儿在游戏中不仅探索了同等高度下坡度大小与斜面长短的关系，也感知到了坡度大小与力的关系，游戏中孩子们不断地发现问题—提出解决

办法—尝试行动—调整办法—再次尝试，在此过程中他们不断观察、对比、验证、反思、合作，从而发展了其科学探究的主动性、专注性、坚持性等良好的学习品质。

多次商讨，促进幼儿解决问题能力的发展

遇到的问题	导致的原因	解决的办法	效果如何
滚筒上坡很费劲	斜面与方梯顶端有缺口	叠加木板，填补缺口	滚筒被卡
	斜面与地面出现缺口	去掉叠加木板，直接将木板搭在方梯顶端	斜面坡度太大，滚筒被卡
	斜面太陡	将木板铺在地上，与滑梯底部相接	滚筒被卡
	怎样让斜面变平	木板架在三角梯上	无法滚下来
		木梯铺到地面上	滚筒卡在下端
		将木板换成长梯	轻松推上

游戏中幼儿自主发现滚筒上坡费力的问题，先后运用叠加木板补齐上端缺口，再尝试将木板架平减小坡度，再到寻找长梯试图增加斜面角度，最后改变长梯的位置增加斜面长度的办法，最终滚筒比较省力地上坡。孩子们在这一过程中不断地主动思考，去解决一个又一个问题，持续获得新经验，孩子们解决问题的过程正是他们智慧的体现。

（二）游戏分享，促进幼儿深度学习

游戏后的分享与反思是幼儿由经历到经验的关键环节。教师将幼儿的问题进行梳理，引导幼儿进行讨论，通过幼儿的对话引发幼儿的深度思考学习。在游戏中他们感知到了坡度的大小与滚筒上坡难易的关系，于是想各种办法将斜坡变平，在变换材料中他们感知到了坡度不同省力的程度也就不同的科学道理。

（三）下一步的支持策略

斜坡是我们生活中常见的一种机械，它为我们的生活带来了方便，下一步我将继续结合集体教学活动《看谁滚的远》带孩子们发现坡道的更多秘密。

平衡大师养成记

年龄段：大班

观察教师：谢晓萌（济南市章丘区东山实验幼儿园）

一、游戏背景

中午饭后时间我们班经常去幼儿园后院散步，每次散步时孩子们都会不由自主地伸开双臂两脚交替地走地上的各种线，孩子们把地上的各种线称为“独木桥”。每当谈到“独木桥”，他们都会兴高采烈地讨论着。可见，大班小朋友对“独木桥”这个游戏爱不释手。在成人眼里平平无奇的独木桥，到了孩子的世界里，就变得充满奥秘，迫不及待地想要去探索。

二、游戏过程

（一）独木桥初寻找

饭后我们又来到了后院散步，这时潇宇跑到我身边说：“老师我不想玩这个独木桥了，我想玩门口大型玩具的独木桥。”于是我便带着孩子们来到了后门处的大型玩具玩场，等待孩子们玩了一会后，我发起问题：除了这种独木桥，还有什么样子的独木桥呢？云骁随后说：“沙池里边用石头堆成的小路也是独木桥。”森森说：“花池旁边的台阶就是独木桥，我和好朋友经常玩，一边是草堆，一边是悬崖，谁也不能掉下去。”激烈的讨论结束，孩子们健步如飞地开始四处寻找并尝试，只见他们胳膊伸平，全力控制身体平衡，大声地呼喊着：“下边是悬崖，千万别掉下去呀！”就这样孩子开始了关于“独木桥”的探索旅程。

游戏分享

回到教室后老师和孩子们一起通过游戏照片进行分享梳理，这时皮皮站起来说道："这太简单了，我早就能通过了。"这一问题让孩子们展开了激烈的讨论。

文辉说："不如我们自己搭建一座独木桥吧！"

"搭建独木桥需要材料……"

"我觉得我们平时坐的小椅子就可以拼成独木桥"。

"炭烧积木的木板就是独木桥呀！"

"乌龟壳摆成一排也是一道独木桥"。

"轮胎也可以建成独木桥"。

孩子们你一言我一语开动脑筋想出了很多可以搭建独木桥的材料。

教师的思考

游戏开始时由潇宇的问题引起，老师利用这个问题进行了适时的介入引导，孩子们走在路肩，踏着草坪的围栏，不断尝试和发现。"独木桥"寻觅是孩子们练习平衡技能的一个起点，也是发现自我的途径，孩子从寻找固定在地面上的独木桥延伸到想要用多种材料自主搭建，这是一个自主自发的探究过程。

（二）独木桥初构建

户外活动时间开始了，孩子们争先恐后地为自己的独木桥找来了材料，他们用龟背壳、万象组合、轮胎还有木板不停地摆、拼、垒高，一边寻找材料一边进行独木桥的构建，忙得不亦乐乎。灏灏首先拿来木板搭在了轮胎上当作独木桥，可是前来尝试的益慈由于两块木板的不稳定性一下就摔倒了，灏灏看到后找来同伴一起架来梯子，想要把木板换成梯子来解决问题，可是梯子总是不稳，灏灏说："轮胎太粗了。"一边的同伴开始用脚使劲踢轮胎想要帮他稳定梯子，灏灏也使劲地往下按想要梯子卡在轮胎上，调整后灏灏让一旁的果果来尝试，当发现梯子要歪时，灏灏立刻进行了调整，终于找到了重心点让梯子稳定住了。就这样十几分钟后一条长长的、形态各异的独木桥就形成了，孩子们在一遍一遍地来回走，兴趣丝毫不消退。另外一边的云骁找来了很多梅花桩放在了轮胎里边，说："老师，这样小朋友们走的话就不会摔倒了。"可是几个男孩仍旧在不断地寻找材料来构建填充，独木桥的构建持续进行中……

游戏分享

游戏后回到教室，通过视频和孩子们一起来分享这超长独木桥的构建过程。老师针对灏灏和云骁两名小朋友帮助同伴解决问题的行为进行赞扬和肯定，随后提问幼儿："你在游戏过程中发现了什么?"灏灏第一个举手回答："我发现木板在轮胎上搭桥不行，它一踩就翘起来摔倒了。"文辉说："我在走独木桥的时候摔倒了两次。"接着我追问："那你知道原因吗?"文辉不好意思地说："可能我一看别的地方再走就站不住了，所以就摔倒了。"经过和孩子们一番讨论后总结问题：

在搭建独木桥时要先试一下稳不稳再走。

在走独木桥时要认真看脚下，身体保持平衡。

总结问题后几个孩子仍然在互相讨论着他们各自构建的独木桥以及生活中见过的独木桥，蓓蕾说："我见过那种一根木头的独木桥。"梦洋说："我见过那种很高很吓人的独木桥。"随后老师与孩子们一起查找独木桥的图片进行观看分享交流，然后提出问题："那我们如何也构建出这样的独木桥呢?"刚才回答问题的蓓蕾又举手说："咱们幼儿园有大滚筒，都是圆圆的，我觉得就和木头独木桥很像。"接着森森兴奋地说："哇，真想去试一试啊!"

教师的思考

游戏时孩子们能够积极自主地进行材料的收集和探索，根据自己的想法进行构建，过程中主动去寻找、与同伴共商议，说明孩子们对独木桥的构建兴趣很高，过程中出现的同伴摔倒现象，老师并没有介入指导，这样反而助推孩子自主帮助同伴解决问题。整个探索过程中，幼儿积极主动解决问题、相互帮助，大班幼儿已具备了良好的安全和合作意识，也具备了发现问题和解决问题的能力。最终孩子们建造起了超长“独木桥”，他们齐心协力，相互合作，在一次次的探索、一次次的实践、一步步的尝试中，总会找到适合自己、属于自己的游戏。

（三）滚筒独木桥

经过上次的分享，孩子们直奔大滚筒飞奔而去，他们一起搬来了滚筒，让滚筒平躺下搭建成一道长长的独木桥。可是滚筒是圆柱形，容易滚动，踩上去很危险。孩子们的“独木桥”搭建遇上了问题。

滚筒无法固定，一直在滚动怎么办？家棣说：“我去找木板把大滚筒固定住。”随后几个孩子一起跟着家棣去建构区拿木板，只见他们把木板斜放在滚筒两边。这时昊哲发现问题说：“这样不行，滚筒还是会滚，得找个沉一点的东西。”

灏灏说：“我去拿轮胎来试试”随后五六个孩子一起去搬运轮胎来尝试，他们一起把轮胎放在滚筒两侧，滚筒被轮胎固定住了。灏灏兴奋地说：“OK，再去找轮胎。”孩子们都加入搬运轮胎的队伍中。就这样，滚筒独木桥竣工完成，孩子们一边在滚筒上走一边不断下来进行调试，直至滚筒固定结实。

教师思考

基于老师与幼儿对独木桥图片的分享，很多独木桥都是用两边固定的方法，所以孩子们在面对滚筒滚动的问题后立即想到了用木板支撑的办法，这是对前期分享经验的迁移，但是经过孩子们的尝试与探索最终找到了固定方法。当幼儿具有一定问题意识后，需为他们提供尝试的机会，只有在尝试中才会有自己的判断和思考。孩子们自发自主想到了滚筒材料，对幼儿的力量、平衡、协调能力都有一定的发展。

（四）滚筒独木桥再升级

有了之前的构建经验，这次户外活动孩子们直奔滚筒区，把滚筒横着放在地上后，家棣几个一起抬来了木板和梯子放在了横着的滚筒上，刚放上去，滚筒滚开了，家棣连忙说："不行这样不能走啊。"随后蓓蕾观察到梯子的两端有卡口，马上喊文辉一起把滚筒竖起来，然后把梯子的卡口放在了滚筒的边缘，一侧卡好了，另外一侧由于滚筒相距太近没卡进去，随后文辉拿来了两块木块垫在了卡口处，经过尝试还是不能稳定，蓓蕾请来云骁帮忙，云骁说："滚筒太近了卡不进去。"于是云骁等五个小朋友齐心协力一起把滚筒推远了一点，噔的一声，卡进去了，滚筒和梯子都不晃来晃去了，瞬间身边传来了欢呼声。幼儿们都先爬到滚筒上，再爬到梯子上，滚筒独木桥初见雏形。

不多时，益慈出现了问题大声呼喊说："我爬不上去"，莹雪说："那我们弄一个上坡的路吧。"说着就和骏骏去搬来一个拱形梯子，把它的一端的卡口卡在滚筒上，另外一端放在地上，就形成了一个小楼梯。滚筒独木桥得到了升级。

加了楼梯的独木桥，益慈第一个上去尝试，可是问题又来了，想要到滚筒另一侧怎么过去呢？几名幼儿经过商议后，歆越拿来了木板搭在了滚筒中间，孩子们纷纷去尝试通过。

突然，一声呼救声让我绷起了弦，我马上过去查看，原来是果果从滚筒中间经过时，不小心掉到了滚筒里出不来了，我没有马上帮助他们解决这个问题，而是让孩子们自己想办法来解救果果，孩子们首先拿来了很多木块放在滚筒里，经过尝试果果没有被解救出来。

好朋友云骁也爬到了滚筒里想要陪着好朋友果果，他们一起把木块都拿了出来，灏灏搬来了梯子想要通过梯子来解救果果，可是经过尝试也没有成功。云骁猛的两手一撑跳又从滚筒里出来继续想办法，于是他叫来歆越一起搬来了轮胎，想把轮胎放在滚筒里，可是怎么放进去呢？云骁告诉果果先把头伸到轮胎中间，然后踩着轮胎就可以了。可是由于轮胎太大卡在了滚筒上下不去，云骁又搬来了小一点的轮胎，和莹雪一起合作抬轮胎，终于轮胎成功放在了滚筒里，果果踩着轮胎，用胳膊一撑，成功地被解救了出来。

孩子们的滚筒独木桥经过多次升级终于竣工啦。而刚才那个果果被困在里边的最高的滚筒，却成了孩子到达独木桥终点休息的地方。滚筒独木桥得到了再一次的升级。

游戏分享

回到教室后和孩子们一起分享了游戏的视频，接着针对滚筒中间如何通过的问题和孩子们进行讨论。

皮皮说："我会多拿点木块就可以踩着出来了。"

森森说："我会放梯子进去，这样就可以爬梯子出来了。"

歆越说："我和云骁搬的轮胎太沉了，我要找个轻一点的东西放进去。"

文辉说："万象组合里有桶，我可以自己拿的动，这样就可以踩着出来了。"

教师思考

滚筒独木桥从刚开始地横在地上不稳定到竖起来加梯子，再到上不去桥加楼梯，整个过程孩子们自主探索，在发现问题、解决问题中最终滚筒独木桥竣工。面对游戏中出现的滚筒中间如何通过的问题，不同孩子想到了不同的解决办法，最后分享环节集齐更多孩子的智慧，以个体带动全部，以推动以后游戏的推进。首次尝试孩子们还小心翼翼、战战兢兢，但一场练习结束，他们脸上的紧张消失不见，留下的是从容不迫，是勇敢无畏。通过滚筒独木桥的升级，孩子们的胆量、平衡能力、创新能力得到了更进一步的提高。

三、游戏中的学习与发展

（一）顺应兴趣，共同进入独木桥的游戏世界

独木桥的游戏起源于幼儿园随处可见的线，孩子们自发自主的巧妙与户外活动材料相结合，由平地上固定的独木桥开始探索，到可移动自主构

建的属于自己的独木桥，最后到高度增加、构建复杂的独木桥，整个过程幼儿自发自主地探索材料与玩法，激励孩子们不断去挑战自己、超越自我。孩子们在游戏中，逐渐体会到合作、互助带来的喜悦，在一次次遇到的困难上，表现出极大的耐性和超常的毅力，得到精神上的鼓舞，更好地培养了孩子们的优秀品质。

（二）相信幼儿，支持幼儿自主探索和学习

在游戏中，老师的适宜放手使得我们的游戏得到顺利发展，这让我相信幼儿是有能力的学习者。在独木桥的构建以及运动实践过程中，幼儿自信、自主、自发的游戏状态和学习状态感染着我，鼓舞着我有决心和他们一起将游戏进行下去。

在游戏中，幼儿积极主动、认真专注、不怕困难、敢于探究和尝试、乐于想象和创造。每一次遇到困难，都会在困难之处迸发智慧的火花。作为老师，做幼儿的陪伴者、支持者、成就者应当是我们始终坚守的行为准则。当他们收获成功或遇到困难时，不急于干预，通过讨论分享、视频共享，引导幼儿进行游戏计划、绘画表征，提供材料等方式，助推游戏深入开展。

（三）游戏延伸

游戏后在分享环节让孩子们用绘画表征的方法根据之前构建的独木桥进行回忆记录，并和同伴一起来分享自己所画的各种独木桥。老师在进一步引导时，可请幼儿对之前所构建的以及所创新的各种独木桥进行整合，形成一个超级独木桥，促进幼儿的身体平衡能力的更大发展。

游戏时孩子们在构建独木桥过程中既探索了各种材料的支撑平衡，在挑战走独木桥过程中又发展了动作和身体的平衡。老师在进一步延伸时，可逐步从自身到他物的平衡进行探究，或者小石头、小玩具等低结构材料，引导幼儿继续进行各种形式的平衡探究游戏。相信孩子们都能够成为了不起的平衡大师，在“平衡大师养成记”的这条道路上我将继续支持、陪伴孩子们一起向前！

“骑”乐无穷

年龄段：大班

观察教师：张晓彤（济南市章丘区东山实验幼儿园）

一、游戏背景

本次游戏是由孩子们自主发起的骑行游戏。游戏方式丰富：载人兜风、结对追赶、车子接龙、单人自由行、交通指挥等，他们自由穿梭在活动场地，尽情玩耍与释放。但随之而来的“交通事故”也层出不穷，从两辆车“相撞”到交通堵塞；从随意驾驶到自由变道。孩子们一起解决问题，体验合作与沟通。

二、游戏实录

户外时间到了，孩子们来到骑行区。

“今天，我想和我的好朋友骑车去兜风。”

“我想当快递员骑车去送快递。”

“我想当司机载乘客。”

……

孩子们在路中间架起了栏杆，骑行游戏开始了。

实录一：交通事故发生

“逆行”“他逆行了”“我逮住两个逆行的”。王鹤淞和刘启岩是两个形影不离的好朋友，在游戏中，他俩开始四处跑、抓人、推车，观察后我发现他俩是在当“便衣交警”的角色，来监督和惩罚那些逆行的车辆和行人，子谦则当起了交通指挥员。游戏进行着……但还是发生了一起“交通事故”——撞车了，撞车了怎么办呢？“报警”“给交警打电话”“打120”孩子们纷纷说着。

实录二：交通信号作用大

于睿溪说：“咱们可以想个办法，那就用‘龟壳’来当交通信号灯吧？龟壳有红黄绿三个颜色，正好可以当红黄绿灯。”

刘子谦主动做起了交通警察，来指挥来往车辆。红、黄、绿三个信号灯不停交替闪烁“321……”孩子们井然有序地进行着小车游戏，两名交警还在继续观察是否有逆行行为的“车辆”和人。果然，在“信号灯”的指示下，减少了“路上”来往车辆的逆行和违法行为……

讨论一：两次游戏中你发现了哪些问题？

有的人抢车、随意更换的小车在路上无人认领、不按方向行驶……

讨论二：怎样才能让大家安全、自由地骑行？如果让你来设计我们的马路，你会怎样设计呢？

刘子谦：可以找一个小路口建一个抬杆。这样在红灯亮起的时候就不会有车子闯入了，绿灯亮起，抬杆就抬起来了。这样很方便的。

王鹤松：路障，在有坑洼的路上摆放路障，这样能够让更多的来往车辆和行人发现这里是不可以通过的，这样能避免交通事故的发生。

崔德弘毅：在马路上，或者需要减速行驶的地方设置减速带。这样车子就不会超速行驶了。可以避免撞车。

宗家源：修建一条专门的人行道。将行人、摩托车、汽车分开行驶，可以避免交通事故的发生。

刘宪辰：可以建一座“服务区”，服务区里面有餐厅、洗手间。给驾乘人员提供需要。并且我做了一个设计图，就像是我和爸爸妈妈开车在高速上经过的服务区一样的。这样人们在行驶过程中如果累了就有休息和用餐的地方。可以防止“疲劳驾驶”。

教师的思考

1. 幼儿的游戏经验来源于生活，幼儿根据自己的需要开展生动有趣并有创意的骑行游戏活动。大班幼儿生活经验丰富。在游戏中、在孩子们的绘画中可以发现，孩子们对于加油站，加油机的外形、颜色等相当熟悉；还有幼儿设计出的抬杆、路障、路上标识等，都是日常生活中经常出现的。由此可以发现孩子们思维敏锐，有着很强的洞察力。

2. 王鹤松和刘启岩是我们班两个身体强壮的男孩子，在班里，有时候被其他幼儿遗落的小椅子都是他俩收整齐的；游戏中，他俩一起当“便衣交警”，同样将被遗落的小车子收起。可见大班幼儿的交往水平和合作能力已经逐步稳定。

三、游戏的特点与价值

1. 在游戏中，我作为一个观察者给予了幼儿充分的自由和支持，让孩子们能够自主探索和解决问题，提升了孩子们的创新精神和合作能力。

2. 在游戏中，我观察到，在班里一贯内向的孩子，比如刘子谦、崔德泓毅，进入大班下学期后，不管是哪次游戏，他们都是很积极地去参与、去动脑。和小朋友之间遇到问题会积极去交流表达自己的想法，性格也比从前开朗了。

3. 在游戏过程中先后遇到了各种问题，比如游戏中一些幼儿不遵守交通规则，但最后在其他幼儿的引导下为每一种困境都顺利找到了解决的办法，让游戏得以顺利地进行下去。

梯子游乐场

年龄段：大班

观察教师：李慧（济南市章丘区东山实验幼儿园）

一、游戏背景

星期一早餐后，一硕、成泽、俊贤三个好朋友在聊天，话题——周末去哪儿玩了？成泽说："我和爸爸妈妈去游乐场坐小火车了"，俊贤听了也说道："我也去过，我还坐着小火车钻过隧道呢"，这时一硕提议说："操场上有很多梯子，要不今天我们用梯子建个游乐场吧"，两个好朋友高兴地点头答应了。幼儿园梯子区有大量宽窄、长短不同的横梯（图 1）和带固定带高低不同的竖梯（图 2）。孩子们平时很喜欢在这里游戏，爬梯子或从竖梯上往下跳着玩，游戏内容大都跟大肌肉动作练习有关。今天这三个小朋友选择要用梯子来搭建游乐场，这也引起了我的兴趣，他们会怎么做呢？于是带着好奇心跟随他们来到梯子区，决定一探究竟。

图 1　横梯

图 2　带固定带竖梯

二、游戏过程

（一）平铺铁路，小火车开起来

户外游戏时间到了，一硕、成泽、俊贤三个好朋友来到了梯子区，准备在这里开始他们的游乐场搭建。梯子区的梯子长短不一而且都很重，只见一硕和俊贤一人一头一起抬着一根长横梯，成泽比较有力气，自己搬着一根短横梯，这样来回往空地上运梯子。运了几趟后，他们就开始忙着一起将梯子一根一根首尾相连平铺在地上，建成了一个循环的长方形。一硕说："看，像铁路吧，这是入口那是出口，我们来当小火车"，说完他们开始踩在梯子中间的横木上一个跟着一个走开起了小火车，平铺铁路初步形成。

梯子有的宽有的窄，横木之间的距离有大有小，一开始不熟练的成泽在前面有点摇晃地走着，后面紧跟着一硕，俊贤在最后面慢悠悠地跟着，走得不稳时赶紧蹲下，他们走得很慢（图3）。走了两圈后，成泽走得越来越好，俊贤也大胆地走了起来，他们开始加速走，嘴里还喊着"火车跑起来了"。

图3　三个好朋友玩开火车

教师的思考

生活中的梯子和铁路轨道很像（图4—1、图4—2），这三个小朋友便将生活经验迁移到游戏中，以物代物将平铺连接起来的梯子代替铁路，并用语言准确地表达出如何玩。平铺对于大班的小朋友来说是一项简单的技能，但平时玩的大都是小型建构材料，像炭烧、塑料积木等轻便小巧易操作。而梯子区的梯子长短不一还比较重，所以在搬运、平铺梯子的过程中还是有一定难度的。开小火车的过程中，幼儿模仿小火车车的行为，也因为幼儿个体差异的不同，让简单的动作练习呈现出不同的难易程度。身材胖胖的成泽，走横木时有点摇晃，差点摔倒；平时好运动的一硕，走梯子的过程中非常稳；而性格内向、做事小心翼翼的俊贤，在后面慢悠悠地跟着，走得不稳时赶紧蹲下寻找平衡。由一开始不熟悉慢走到熟练后的快走，让身体协调和平衡能力得到了不同程度的提高和发展，也激发了孩子们继续挑战的兴趣，这是推动他们游戏进展的动力。铁路已经铺成了，接下来他们又会做什么呢？

图4—1 梯子

图4—2 铁路

（二）铁路上架隧道，积极挑战钻隧道

玩了一会开小火车，一硕说："我们铁路铺好了，小火车还要钻隧道呢，再建个隧道吧，我去搬梯子。"成泽说："我来帮你"，俊贤也来帮忙。这次他们搬的是一根竖梯，将搬来的竖梯分开，横跨在平铺的铁路上当成了隧道，"小火车要过隧道了"。

生活中的火车隧道是中空的（图5），可以直接通过，而竖梯中间有一条固定带，当他们钻过隧道时挡住了他们（图6）。"怎么钻过隧道？"这个难题激起了一硕和俊贤挑战的兴趣。一直内向的俊贤突然说："我先试试"。

图5 生活中的隧道

图6 有固定带的竖梯隧道

第一次（图7—1）：俊贤上半身从固定带上穿过，双手撑地呈趴着的姿势，右腿慢慢迈过固定带，成功钻过隧道，俊贤露出得意的笑容。

第二次（图7—2）：一硕见俊贤成功了，也想试试。只见他双手撑住竖梯两边的横木，右脚迈过固定带，上半身慢慢穿过固定带上方的空间，成功钻过隧道，也高兴地笑了。

第三次（图7—3）：这时俊贤又说道："我还有一种方法"，他身体侧卧在横梯上，双手撑住身体，双脚使劲一蹬横梯，成功钻过隧道。

图7—1 第一次成功

图7—2 第二次成功

图7—3 第三次成功

图7—4 第四次

图7—5 第五次

图7—6 第六次成功

第四次（图7—4）："我也想到一个办法"，一硕坐在横梯上，双脚搭在固定带上，双手撑在横梯两边，竖梯晃动没有成功，俊贤看到赶紧用一只脚踩住竖梯帮着固定梯子。

第五次（图7—5）：虽然没有成功，但一硕没有放弃，他把双脚收回平躺在横梯上，双手抓住固定带，眼看马上就要过去了，但由于一只手臂力量不足而且梯子晃动，没有成功穿过隧道。

第六次（图 7—6）：紧接着一硕又调整姿势，双手放下抓住横梯两边，身体向前移动，俊贤也站起来到一边用手扶住竖梯帮忙固定，一硕成功钻过隧道，两人开心地笑了。

教师的思考

幼儿在平铺铁路的基础上，加上一根竖梯，以物代物当成隧道，新的建构目标就出现了。在空间上由平面变成立体，幼儿的思维更形象具体化。当面对一根固定带而引发的“如何钻过隧道?”的难题时，能够清晰地看到孩子们的成长和变化。一直内向的俊贤变得勇敢积极主动，面对失败，不放弃积极想办法，勇于尝试挑战各种方法钻过隧道，幼儿个性品质中积极向上的部分逐渐显现出来。成泽虽然没有参与但一直站在一旁支持鼓励他们，幼儿之间的配合协作、相互信任、互帮互助在游戏过程中得到体现。

看到他们一次次不服输的劲头，我也始终陪伴、鼓励他们，心里为他们捏了一把汗，但看到他们坚定的眼神，我选择了大胆放手信任他们。这不仅是对幼儿意志力的考验，更是对幼儿主动解决问题能力的锻炼。终于在一次次的尝试中，孩子们成功体验到钻过隧道的喜悦，这为后面游戏的顺利开展起到了积极的推动作用。

（三）搭建游乐场，一起玩游戏

顺利钻过隧道后一根竖梯已经不能满足他们的需求。一硕说：“一根太少了，我们再去搬一些”，刚才一直在一边看的成泽说：“我去搬。”只见成泽搬来竖梯，交到一硕手里，一硕又对俊贤说：“你到上面去看看摆的直不直”。俊贤爬到竖梯上坐下，负责看梯子摆放的整不整齐（图 8—1）。

图 8—1 分工合作搭隧道

一硕兴奋地对成泽说："我们今天要玩个够对不对，开始玩喽。"说着他沿着循环的横梯铁路走到隧道的另一端，并尝试用刚才探索的方法开始钻隧道。一硕双脚放在固定带上，梯子晃动，俊贤想帮忙踩住梯子，一硕说："没事。"他把双脚放下调整成坐在横梯上，双手抓住固定带身体往前移动，同时俊贤爬上竖梯帮忙固定，顺利穿过第一个隧道（图 8—2）。过第二个隧道时，一硕右脚迈过固定带，从上方穿过；第三个时，一硕说："这个有点难了，不过我还是有绝招。"一硕上半身穿过固定带，双手撑在梯子的横木上，顺利穿过第三个隧道，一硕每钻过一个隧道，俊贤都会爬到梯子上帮忙固定梯子。这时成泽又搬来一根高竖梯放在一硕前面（图 8—3），一硕唱着歌："来吧来吧来吧"继续挑战钻第四个隧道，他平坐在梯子上双手撑住横梯两边，侧身往前移动，这时固定带直接挡住了嘴（图 8—4），他笑着顺势侧身低头顺利穿过了（图 8—5），开心地跳了起来（图 8—6）。

图 8—2 穿过第一个隧道

图 8—3 穿过第三个隧道

图 8—4　第四个隧道固定带挡住

图 8—5　侧身低头穿过

图 8—6　开心跳起

图 8—7　梯子游乐场

最终他们将竖梯一根挨着一根，一高一矮排成长的隧道，一个循环的梯子游乐场搭建完成了（图 8—7）。孩子们开起小火车玩起了游乐场的游戏。

随着人数的增加，刘增梁小朋友开始插队，有两个小朋友钻隧道方向相对而撞在一起（图 9—1）。一硕大声喊："刘增梁，你犯规"，跑到前面要将刘增梁喊回来，这时成泽挡住小朋友们不让走，孩子们焦急地等待着，出现了长时间的停滞（图 9—2）。看到这种情况，我问道："孩子们怎么了？"他们开始七嘴八舌发表意见。

图9—1　问题出现

图9—2　长时间停滞

一硕说："有人插队，不排队"，梁梁（刚才的插队者）不好意思地说："人太多了，走得太慢了"，芳莉："有的小朋友方向不对，都撞在一起了"，小暖："成泽挡着我们不让我们过"，成泽："他们不排队。"

我顺势问道："你们说的犯规了、方向不对、不排队这些问题，我们该怎么解决呢？"大家都说"要遵守规则，排队，要排队"。成泽这时不好意思地说："我挡着就是要大家排队。"我鼓励他们说："遇到问题大家要好好商量想办法，就像小朋友说玩游戏要遵守游戏规则，大家都在一个方向排队，就不会撞在一起了。"问题解决了小朋友们开始一个跟着一个排队走（图10—1），走到长长的隧道时，钻隧道有根带子不好过，速度太慢，大家又出现了等待，这次我选择静静站在一边看他们如何解决。他们停了一会，有几个小女孩开始从外面踩着竖梯过隧道（图10—2），一硕看到就带着男孩从里面钻，这样孩子们自然地就分成了两组同时过隧道，避免了等待。钻长隧道的过程中因为有固定带，速度慢又拥挤在一起，这时成泽和梁梁分别撤走了一根竖梯（图10—3）将隧道变短，让游乐场的游戏顺利地玩了起来。

图 10—1　有序排队

图 10—2　分组过隧道

图 10—3　将隧道变短

教师的思考

游戏中三个小伙伴出现了自然的分工与合作，成泽负责搬梯子，一硕负责摆，俊贤看梯子摆得整不整齐。将 7 根竖梯，依次按一高一矮的规律排列搭建长长的隧道，并借鉴原有的生活经验“铁路（横梯）＋小火车（人）＋隧道（竖梯）＝游乐场”将不同的梯子组合，空间上由平铺到架空再进行围合，最终有条不紊地搭建出游乐场，小伙伴之间建立了非常融洽的游戏氛围。幼儿的空间和数学逻辑思维在这一过程得到充分的体现，幼儿之间齐心协力，团结合作真正成为游戏的主人，这也是幼儿与环境及材料充分互动、积极思考的结果。游乐场建起来了，游戏活动由最初的三人游戏变为多人游戏，由此又引发了很多问题。

面对插队者，幼儿用“犯规”表达着急的情绪，这是建立规则意识的触发点。游戏中第一次出现幼儿焦躁长时间等待时，教师及时介入鼓励幼儿遇到问题要好好商量想办法，把问题还给幼儿，让幼儿自己想出解决的办法，学会遵守游戏规则；当游戏再次出现等待，教师则是选择静静观察，给予充足的时间让他们自己协调。游戏中幼儿的规则意识和同伴之间的协商合作是幼儿在建构游戏中社会性发展的体现。特别是大班小朋友即将升入小学，规则意识的建立及同伴关系融洽对幼小衔接有着至关重要的作用。

（四）游戏分享，助推持续进行

回到教室后，孩子们就刚才的梯子游戏展开了激烈的讨论，我组织幼儿安静，开始了一场游戏分享活动。

1. 教师用提问的方式引导幼儿回忆游戏过程，并以列表的形式汇集游戏中幼儿遇到的问题及幼儿自主想到的解决办法（表1）。

表1 幼儿在共玩游乐场遇到的问题和解决的方法

遇到的问题	解决的方法
1. 犯规插队（规则问题）	制定游戏规则：玩游戏的小朋友一个跟着一个走排队
2. 人多的时候等的时间长（人数问题）	搭建多通道，多出入口
3. 过隧道慢（材料问题）	男女分队过隧道
	隧道短点，距离远些
	用多种材料搭建多种隧道

2. 教师引导幼儿用绘画的形式进行游戏故事表征，并结合幼儿想到的解决办法绘制新的梯子游乐场设计图。

绘画表征，让幼儿的游戏看得见。让孩子以“画语”的形式将游戏发生的故事记录下来。一张张稚拙的笔触跃然纸上：梯子迷宫蜿蜒曲折、复杂多变；小伙伴的手无比巨大，特别有力量；李老师聚精会神观察记录……孩子们用绘画表征的方式记录下游戏中发生的一些有意思的小故事（图11—1、图11—2）。

图11—1 幼儿绘画表征

图 11—2　幼儿绘画设计图解决问题

3. 鼓励幼儿大胆尝试按设计图纸搭建新的游乐场，让游戏持续地快乐进行（图 12）。

图 12　改进后的多通道、多种隧道梯子游乐场

三、分析与思考

（一）幼儿在自主游戏中多方面的发展

1. 自发生成自主探索，促进幼儿主动探究，坚持创新的学习品质

本次游戏主题“梯子游乐场”是幼儿在自主交流“周末你到哪里去玩了”中自发生成，而在游戏过程中“怎么钻过隧道?”开启了幼儿自主探索的大门（表2），让幼儿成为游戏的推动者。在自主探索过隧道的过程中幼儿遇到问题不退缩积极想办法，大幅提升了幼儿的学习品质。

表2　幼儿在“怎么钻过隧道?”的解决方法和结果

遇到的问题	解决的方法	结果
怎么钻过隧道?	上半身从固定带上穿过，双手撑地成趴着的姿势，右腿慢慢迈过固定带	成功
	双手撑住竖梯两边的横木，右脚迈过固定带，上半身慢慢穿过固定带上方的空间	成功
	身体侧卧在横梯上，双手撑住身体，双脚使劲蹬横梯	成功
	坐在横梯上，双脚搭在固定带上，双手撑在横梯两边	失败
	平躺在横梯上，双手抓住固定带	失败
	双手抓住横梯两边，身体向前移动，同伴用手扶住竖梯帮忙固定	成功

2. 以物代物，经验迁移激发幼儿的科学认知

梯子虽是常见的游戏材料，但幼儿用横梯代替铁路，竖梯代替隧道，并将数学中的按规律排序应用到游戏中，以物待物，经验迁移达成融合。同时幼儿能运用“平铺、架高、围合”等技能将沉重的梯子搭建成好玩的游乐场，学以致用，创造出丰富多变的玩法，游戏水平不断提升。

3. 讨论交流，共同反思促进幼儿的社会性发展

幼儿始终是游戏的主人，教师一直是游戏的支持者。当人员增多速度慢，插队相撞等问题出现时，在老师的引导下幼儿积极讨论交流，大胆表达自己的想法，说出多通道、架梯桥、定规则、分队走等解决办法，让游戏持续进行。游戏过程中师幼、幼幼之间的互动交流让幼儿体验到团队的力量，也大大提高了幼儿的语言和社会性交往能力。

（二）游戏过程中教师的支持助力

1. 以幼儿兴趣为出发点关注幼儿需求，及时支持助力

教师关注幼儿需求，灵敏地抓住幼儿的兴趣点，在幼儿自主生成游乐场的游戏主题后，充分尊重幼儿的想法，创设宽松的环境。教师对幼儿的信任放手和鼓励支持，大大增加了幼儿的自信心，提升了他们解决问题的能力，激发了幼儿游戏的兴趣（表3）。

表3　基于幼儿需求的教师助力

幼儿需求	教师助力
搭建游乐场（材料需求）	提供横梯、竖梯等游戏材料等（充足材料）
自主探索钻隧道（环境需求）	关注安全，保驾护航（提供安全的环境）
游乐场游戏混乱（插队相撞拥挤等问题解决需求）	语言介入，引导思考（自主解决问题）
游戏持续性（发展需求）	游戏表征分享，提升游戏，推动游戏持续性

2. 汇集幼儿探索性问题，课程梳理给予幼儿理论和生活经验的支持

随着游戏的持续进行，幼儿对“梯子还有什么用处?”“火车站是什么样子的?”“迷宫是什么样子的?”等产生了浓厚的兴趣，教师汇集幼儿问题，结合《3—6岁儿童学习与发展指南》中幼儿的年龄特点，制定主题活动，形成课程。给幼儿以理论和生活经验的支持，帮助幼儿在游戏中探索—探索中学习—学习中发展，共同去推动游戏的进程。

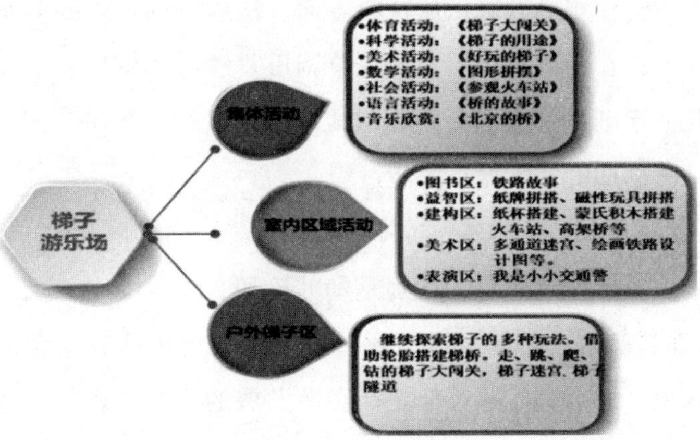

（三）游戏特点及价值

1. 大班建构游戏中的探索行为体现了大班幼儿的游戏水平

大班幼儿已经具有一定的独立建造能力和搭建技巧，能事先对游戏进行一定的设想和规划，通过分工、合作、借助辅助材料等搭建出有情节的游戏场景。本次游戏主题是幼儿在互动交流中产生的，并结合自身生活经验规划出“铁路＋小火车＋隧道＝游乐场”的游戏场景，符合大班幼儿的年龄特点并有一定可实施性和操作性。

2. 充足的游戏材料和安全的游戏场所是游戏开展的关键

建构材料种类繁多，而梯子区是幼儿对自己游戏需求的自主选择，结合生活经验将梯子与铁路进行融合，说明大班幼儿在对材料的选择上是有目标性的，不是盲目的。而梯子又不同于普通的建构材料（炭烧积木、花盆拼插等），它大而重，在平铺—架高—围合的过程中需要幼儿更多的耐力。所以看似技能简单，但放在梯子区对孩子们来说是有挑战和探索价值的。随着梯子游乐场的搭建，幼儿的空间思维由平面到立体递进，让我们能够很好地看到孩子循序渐进的探索过程。

3. 幼儿最近发展区不断提升推动游戏的进展

幼儿的兴趣点始终在最近发展区。幼儿个体层面，从单一的动作练习延伸到好玩的游乐场大挑战；在幼儿游戏层面，从少数人的小组偶发游戏转变为多人的合作规则游戏；从材料方面，从单一的梯子到多元的辅助材料搭建游乐场；在学习过程层面，从单调重复练习到解决复杂问题等，都体现了幼儿循序渐进的成长过程，形成了一个发现—解决—创造—再发现—再解决—再创造的良性循环游戏过程。

4. 游戏即生活，合二为一不可分割

杜威认为对于儿童而言，特别是幼儿阶段，“生活即游戏，游戏即生活”。幼儿在自己搭建的梯子游乐场过程中所表现出的分工合作、协商解决、规则意识、语言交流等等都是社会性发展的一个体现。看似简单的一个游戏，犹如社会缩影，幼儿在玩的过程不断将生活经验迁移到游戏中，又从游戏中获得新的成长经验，相辅相成，互相融合。

静听幼竹拔节声
——小小值日生成长记

年龄段：大班

观察教师：鲁桂华（济南市章丘区教育和体育局）

一、案例背景

午饭时间到了，教师刚把餐具放在桌子上，一诺宝贝噌地一下跑到分饭桌前，问："老师，今天我可以帮着小朋友们分餐具吗？"还没等教师开口，笑笑急促地说道"一诺，昨天你不是刚分了吗？今天该我了！"好多小朋友也开始表达："老师，我也想分！"教师听到了孩子们内心的声音：渴望展现自己的力量，都想为大家服务，怎么办呢？——给孩子们创造适宜的环境，把问题抛给孩子们解决。于是"值日生"活动应运而生……

二、案例过程

（一）值日生的诞生

1. 什么是值日生？

孩子们说："要不让他们剪子包袱锤吧，谁赢了谁来分。""要不让他们一起分吧。""要不我们按学号来吧。"在争论不休时，教师提议说："要不咱们一起排好值日生吧？那什么是值日生呢？"孩子们听到这个陌生的词语后都纷纷表达自己对值日生的理解。

幼 1：值日生是小组长，管着别人。

幼 2：值日生是表现好的小朋友。

幼 3：老师我知道，值日生是帮老师打扫卫生的，我看过一本书。

师：哦，那我们一起来看看这本绘本《今天我值日》吧。

2. 值日生可以做什么？

读完绘本以后，梓晨说：“值日生擦桌子、扫地、整理卫生。”依娜说：“还有整理玩具。”其他小朋友……同时，孩子们还用绘画的方式表达着自己对值日生的理解。

3. 值日生怎么分？

孩子们经过一个星期的体验，都认为自己有胜任小值日生的能力了，大家一起讨论：

怎么分配值日生呢？

幼 1：金铭，咱们一起选扫地吧？

幼 2：好啊，译文也想和我们一起，译文你想做什么？

幼 3：我想给小植物浇水。

一周只有 5 天在园时间，可以怎么来分呢？

幼 1：谁喜欢周几就周几做啊！

师：那请小朋友想周几就在周几的下面写上你的学号吧。

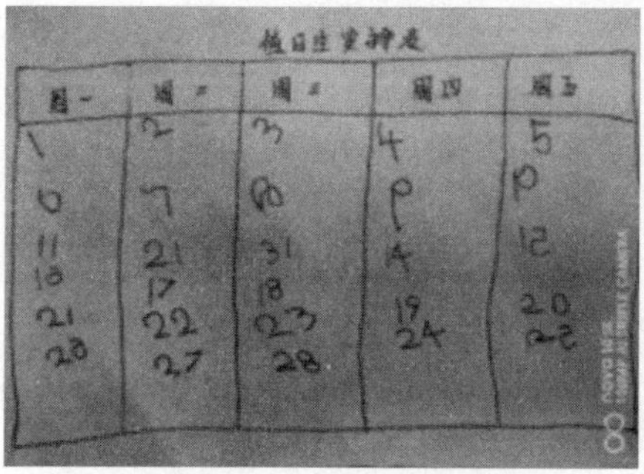

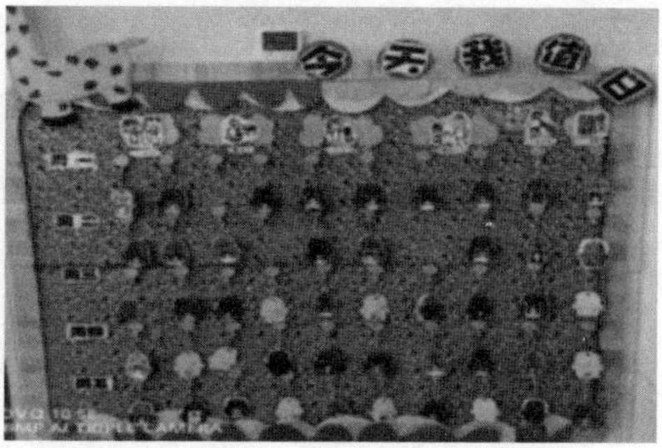

（二）值日生的小烦恼

值日生活动陆续开展起来，然而事情并非一帆风顺。

烦恼一：扫帚应该朝哪边扫？小簸箕为什么总是漏呢？怎样扫地最干净？

孩子们纷纷提出了问题解决办法：

幼 1：扫帚朝着簸箕的方向扫。

幼 2：一人拿扫帚，另一个小朋友拿簸箕，一起扫。

幼 3：两手握着使劲扫。

大家讨论后，教师和小朋友一起把方法编成小儿歌，解决扫不干净的问题。

儿歌：双手握住小扫帚，从后向前顺着扫。桌子底下别落下，垃圾成堆再收起。簸箕抬起小屁股，垃圾全部都扫光。

烦恼二：床有一点点重，和好朋友怎么合作呢？

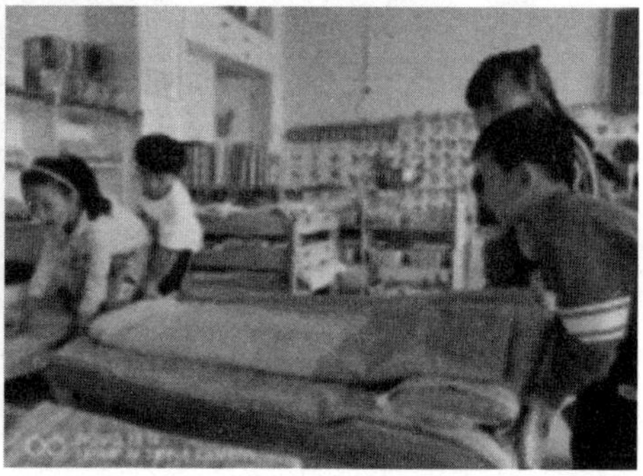

幼1：一张床需要四个小朋友。

幼2：我们要握好抓手一起加油抬起来。

教师和小朋友又编了一首儿歌：

两个朋友站一边，两只小手握耳朵。老师架高我架低，轻抬轻放防磕伤。小床手臂对对好，小床个个真整齐。

（三）值日生的幸福生活

在家园群里，家长们都看到了“小值日生”的精彩表现，有位家长说：“幼儿园的活动真好，孩子要是在家也这样就好了！”教师了解到很多小朋友在幼儿园很积极，但是在家里就衣来伸手饭来张口。为了激发孩子们在家劳动的积极性，教师发起了劳动打卡任务：帮妈妈捶背、择菜、洗碗、擦桌子……孩子们哼着自编的小歌谣，享受着劳动的快乐。一起来看看小能手们的精彩表现吧！

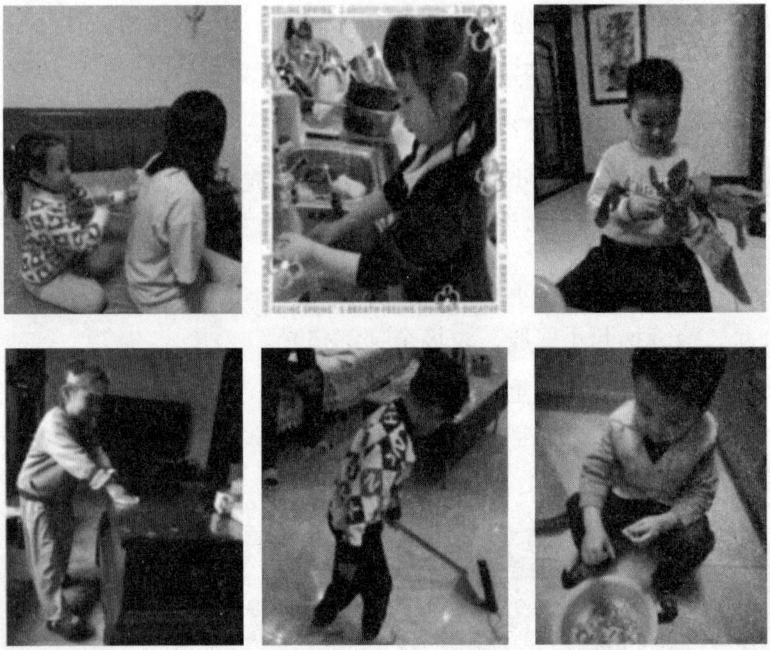

三、案例特点与价值所在

1. 着眼生活细微处，倾听幼儿心声，支持推进活动

生活即教育。活动中，教师倾听幼儿内心的声音，敏感地捕捉到孩子的兴趣，读懂幼儿想为他人服务的意愿，运用对话、表征、家园联动等方式陪伴幼儿共同成长，真正走进幼儿、了解幼儿，用探究的方式引发孩子积极参与，让孩子真正成为生活的主人。

2. 相伴相生，实现幼儿、教师与家长的共同成长

（1）站在儿童视角看孩子发展。活动中，孩子们自我肯定、照顾同伴、心系集体，养成良好的劳动意识和生活习惯。在同伴协商、自理能力、社会交往、解决问题能力等方面得到发展。孩子们通过劳动，充分感受到“我能行”。

（2）站在专业视角看教师成长。尊重幼儿自主选择的权力，提供幼儿自主管理的机会，创设适宜的环境，支持幼儿自主成长，思辨值日活动评价的适宜性。教育生活化，灵活运用多元方式倾听幼儿，润物细无声中见成长。

（3）站在共育视角看家长变化。随着活动的持续开展，家长的育儿观念悄悄发生着变化，放手让孩子探索体验，相信孩子自我成长的能力，提高了亲子陪伴的质量，形成了轻松愉悦的家庭环境。

3. 立足融合共生，构建良好教育生态

从对值日生的懵懂，到一起解决“小烦恼”，再到“延展”家庭值日生，幼儿的价值感、归属感逐渐清晰，生活、游戏、课程相互融合，师幼、幼幼、家园在和谐的关系中共生共长。

“小鬼”当家，精彩继续！

第五章

3—6 岁幼儿体育游戏指导

第一部分 3—6 岁幼儿体能发展参照

《3—6 岁幼儿体能发展参照》集科学性与趣味性于一体，它不仅仅是儿童体育游戏的集合，更是儿童早期体能发展的重要基石，融入了德、智、体、美、劳“五育融合”的先进教育理念。我们参考了《学前儿童健康学习与发展核心经验》《3—6 岁儿童学习与发展指南》《幼儿园户外体育活动设计与组织》等书籍，涵盖体能发展的各个方面，包括身体移动（跑、跳）、身体控制与平衡、器械操控的动作培养等。本手册不仅提供了高度可操作性的指导，还极大地增强了学习的趣味性和互动性，旨在激发幼儿参与体育活动的兴趣，促进其身心健康与综合能力的和谐发展。

《3—6 岁幼儿体能发展参照》是一场精心规划的旅行，它将引领孩子们穿越成长的风景线，让每一位小探险家在奔跑与跳跃中，学会成长，学会勇敢，学会爱。我们期望通过这本手册，与家长、教师携手，共同见证每一个小生命活力四射的成长轨迹，共筑他们健康、快乐、全面发展的童年梦想。

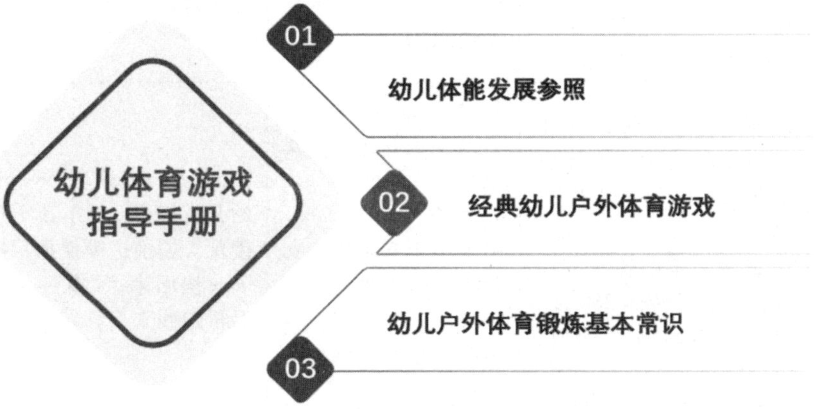

身体移动——跑			
动作	动作要领	年龄段要求	典型游戏列举
走跑交替跑	1. 走路需要摆臂，以肩为轴做前后往复的运动； 2. 在跑步时，手指、腕部以及臂部需要放轻松。 3. 腰部发力：腰部保持自然直立，不宜过于挺直； 4. 走跑交替进行	3—4 岁： 走跑交替跑 100 米。 4—5 岁： 走跑交替跑 100—200 米。 5—6 岁： 走跑交替跑 200—300 米	“老狼老狼几点了”： 一名幼儿当老狼，背对幼儿，其他幼儿问“老狼老狼几点了”，老狼回答 5 点，幼儿就走 5 步；再问老狼，当老狼说“12 点”的时候幼儿跑，老狼去追
追逐跑躲闪跑	1. 身体需要快速启动，快速急停； 2. 注意观察周围环境，并做出迅速反应，躲避来人或物体	3—4 岁： 双脚立定跳 60 厘米。 4—5 岁： 双脚立定跳 80 厘米。 5—6 岁： 双脚立定跳 100 厘米	“丢手绢”： 幼儿围成圆圈，唱丢手绢的歌，一名幼儿手拿手绢，将其悄悄地放到幼儿身后，这位幼儿拿起手绢追放手绢的幼儿 “丢沙包”： 一名幼儿在中间，两名幼儿分别站在两边，一边的幼儿向中间扔沙包，中间幼儿快速闪躲，并跑向另一侧，若中间幼儿被沙包击中则淘汰
快跑	1. 双脚前后开立，双手握拳手臂弯曲； 2. 膝盖微屈，身体重心前移，手臂快速摆出； 3. 后脚快速蹬地后前脚快速迈出（上身前倾、大臂带动小臂、前脚掌蹬地）	3—4 岁： 能快跑 15 米。 4—5 岁： 能快跑 20 米。 5—6 岁： 能快跑 25 米	“插红旗”： 幼儿分组插红旗，幼儿手持红旗快速跑到规定地点，看谁跑得快。
10米往返跑	1. 到达转弯处前 2—3 步时的步子要大，上体直或稍后仰，后腿蹬力稍小。 2. 最后一步向转身方向内扣，然后转体 360 度，重心移至转身的前脚，继续跑动	3—4 岁： 男孩小于 6. 9 秒，女孩小于 7. 2 秒。 4—5 岁： 男孩小于 6. 4 秒，女孩小于 6. 7 秒。 5—6 岁： 男孩小于 5. 8 秒，女孩小于 6. 1 秒	“小孩小孩真爱玩”： 幼儿听指令：“小孩小孩真爱玩，摸摸这摸摸那，摸摸 × × 快回来。”摸到 × 东西后再跑回来

身体移动——跳			
动作	动作要领	年龄段要求	典型游戏列举
原地双脚向上跳	1. 预备——腿稍曲，上体稍前倾； 2. 起跳——手臂向上，腿隆直； 3. 落地——前脚掌先着地，屈腿，上体稍前倾； 4. 注意力集中在动作上，并随动作变化而变化	3—4岁： 纵跳摸高15厘米。 4—5岁： 纵跳摸高20厘米。 5—6岁： 纵跳摸高25厘米	"小猴摘桃"： 模仿小猴起跳摘桃子，挂在空中的"桃子"作为教育任务
立定跳远	1. 预备——腿稍曲，臂后摆，上体稍前倾； 2. 起跳——臂向前上摆，腿蹬直，展体，使身体向前上方跳出； 3. 落地——屈腿全蹲	3—4岁： 双脚立定跳60厘米。 4—5岁： 双脚立定跳80厘米。 5—6岁： 双脚立定跳100厘米	"小青蛙跳荷叶"： 模仿青蛙练习立定跳远，以荷叶作为跳跃练习的教育任务
双脚连续向前跳	1. 预备——腿稍曲，臂垂于腿前； 2. 起跳——蹬腿，臂向上摆，使身体向前跳出； 3. 落地——稍屈腿，前脚掌先着地，动作轻，臂自然下放，不停顿地继续前跳。 4. 注意平衡和动作节奏	3—4岁： 双脚连续跳5米。 4—5岁： 双脚连续跳8米。 5—6岁： 双脚连续跳10米	"老鹰和小兔"： 幼儿扮演小兔，老师或幼儿扮演老鹰，老鹰飞过来，小兔快速闪躲；老鹰飞走了，小兔悠闲地跳，快跳与慢跳相结合能锻炼幼儿跳的耐力
双脚向下跳	1. 直接向下跳时，腿可先向上蹬伸下落，也可直接跳下； 2. 落地时可稍屈或者深屈，注意身体平衡； 3. 先向上跳时要点基本同向上跳，但应稍向前，落地时屈腿的程度应随跳下的高度来定	3—4岁： 能从30厘米的高处往下跳。 4—5岁： 能从40厘米的高处往下跳。 5—6岁： 能从50厘米的高处往下跳	"定点跳伞"： 模拟伞兵跳伞向下跳，地面上画的"落地点"作为教育任务，规定下落的位置

身体控制与平衡			
动作	动作要领	年龄段要求	典型游戏列举
窄道移动	走时步幅小，摆腿低，单脚支撑时间短，上体直，眼往前下方看，两臂自然摆臂或侧举，并步走和两脚交替向前走，注意力集中，动作放松	3—4 岁：能在宽 25 厘米的平行线中间走；能在 15—20 厘米的斜坡上走上、走下。 4—5 岁：能在宽 15—20 厘米平行线中间走；能在高 20—30 厘米，宽 15—20 厘米的平衡木上走。 5—6 岁：能在间隔物体（砖、木板、硬纸等）上走；能在离地面高 30—40 厘米，宽 15—20 厘米的平衡木上变换手臂动作	“小乌龟运粮食”：幼儿手拿小桶，通过平衡木，将粮食运到对面
旋转	右（左）脚向左（右）脚左侧踏，着地后以两脚前脚掌为轴转动 180 度，上体要直，转动要快，双臂自然摆动	3—4 岁：双脚踏地旋转，原地踏步边踏边转，上体正直，双脚为轴旋转。 4—5 岁：能原地自转 3 圈不倒。 5—6 岁：能两臂侧平举、闭目、起踵自转 5 圈，不跌倒	“迷迷转”： 念儿歌“迷迷转、迷迷转，大风吹来快快站。”幼儿原地旋转，当听到快快站时，马上停止旋转，看谁站得稳
闭目行走	闭目、身正、颈直、脚正、步小	3—4 岁：对准目标后闭目、身正、颈直、脚正、步小，向前一目标走去。 4—5 岁：能闭目向前走 5—10 步，不跌倒。 5—6 岁：原地转圈后，闭目向前走 5——10 步，不跌倒。	“听音找人”： 两名幼儿相隔一定距离迎面站立，一幼儿说：在这里，我是 × ×。另一幼儿循音蒙眼向他走去。若摸到对方算赢，没摸到，就是输者，交换角色，游戏重新开始
滚动	身体挺直，两臂胸前交叉或放于体侧，依靠腰和腿的转动使身体滚动	3—4 岁：平躺滚、抱头屈膝自然滚。 4—5 岁：平躺滚、抱头屈膝自然滚、抱膝自然滚。 5—6 岁：平躺滚、抱头屈膝自然滚、抱膝自然滚、侧翻滚	“身体咕噜噜”： 幼儿躺在地垫上，身体做左右翻滚，从垫子一侧滚向另一侧
悬垂	双手悬挂于单杠，身体放松	3—4 岁：能双手抓杠悬空吊起 10 秒左右。 4—5 岁：能双手抓杠悬空吊起 15 秒左右。 5—6 岁：能双手抓杠悬空吊起 20 秒左右	“我是小猴子”： 幼儿双手悬挂于单杠上，看谁悬挂的时间长

器械操控篇			
动作	动作要领	年龄段要求	典型游戏列举
向前投掷	两脚前后开立，重心在后脚，上体稍微后仰，肩上曲肘高举臂，眼看前方，通过蹬腿、挥臂、甩腕这几个动作将物体投出	3—4岁： 能单手将沙包向前投掷2米左右。 4—5岁： 能单手将沙包向前投掷4米左右。 5—6岁： 能单手将沙包向前投掷5米左右	“打败大灰狼”： 幼儿手拿沙包，将KT板做的大灰狼放到相应的距离，幼儿投掷
抛接球	抛球时眼睛要盯着球，判断球来的方向，双手接球	3—4岁： 能双手向上抛球。 4—5岁： 能连续自抛自接球。 5—6岁： 能双人抛接球	花样抛接球： 两名幼儿一组，面对面站开，一组使用皮球，幼儿A边拍球边说：“12345，请你来接球。”接着将手里的球抛给B，并向后退一步，同上步骤再传给A
拍球	双脚自然分开，身体前倾，微蹲，重心下降，用大臂向下单手按压球	3—4岁： 能连续拍皮球15次。 4—5岁： 能单手熟练地连续原地拍球；左右手交替拍球。 5—6岁： 能在单手熟练拍球、双手交替拍球的基础上，进行四个方位拍球；能学习坐姿双手拍球	“老狼老狼几点了”： 一名幼儿背对小朋友，小朋友双手持球并一起问：“老狼老狼几点了?”背对的幼儿随机回答：如3点了。则所有幼儿拍球3下

第二部分　幼儿户外体育游戏集锦

户外体育游戏是孩子们接触自然、锻炼身体、发展社交技能的重要途径。本手册精选了一系列经典且富有教育意义的户外体育游戏，如“小伞兵”“迷迷转”“狮王和小动物”等。也包括一些经典的传统游戏，如“老鹰捉小鸡”“老狼老狼几点了”。这些游戏不仅简单易学，趣味性强，而且能够充分锻炼孩子们的身体协调性和灵活性，培养他们的团队合作精神和竞争意识。

同时，我们还根据幼儿的年龄特点和发展水平，对游戏进行了适当的改编和创新，使其更加符合五育融合的教育理念。通过参与这些游戏，孩子们不仅能够在阳光下尽情奔跑、欢笑，享受游戏带来的快乐时光，还能在潜移默化中提升认知能力、社交技能和情感智力。

跳皮筋

抓尾巴

老鹰捉小鸡

蒙眼摸人

经典游戏		
序号	年龄段	游戏名称
1	小班（3—4 岁）	（一）老猫睡觉醒不了
2		（二）飘到地上睡个觉
3		（三）我是小风车
4		（四）大风和树叶
5		（五）大鱼来
6		（六）一二三
7		（七）蝌蚪宝宝变青蛙
8		（八）网鱼
9		（九）走、跑、跳
10		（十）电风扇
11	中班（4—5 岁）	（一）狮王和小动物
12		（二）跳伞
13		（三）迷迷转
14		（四）蜗牛爬
15		（五）小猴荡秋千
16		（六）小伞兵
17		（七）风儿与花
18		（八）跳圈接力
19		（九）单脚跳的大公鸡
20		（十）赤橙黄绿青蓝紫
21	大班（5—6 岁）	（一）穿地道
22		（二）爬长城
23		（三）迈大步
24		（四）树叶与风
25		（五）捕小鱼
26		（六）螃蟹走
27		（七）捉龙虾
28		（八）爆米花
29		（九）看谁反应快
30		（十）大浪小浪

传统游戏		
序号	年龄段	游戏名称
1	小班（3—4 岁）	（一）老鹰捉小鸡
2		（二）老狼老狼几点了
3		（三）菊花何时开
4		（四）剪子包袱锤
5		（五）城门城门几丈高
6		（六）荷花几时开
7	中班（4—5 岁）	（一）转陀螺
8		（二）冰糕化水
9		（三）编花篮
10		（四）网鱼
11		（五）结冰
12		（六）多人多足
13		（七）贴人
14	大班（5—6 岁）	（一）斗鸡
15		（二）跳房子
16		（三）冰棍化了
17		（四）跳皮筋
18		（五）丢手绢
19		（六）滚铁环
20		（七）揪尾巴

经典游戏

小 班

（一）老猫睡觉醒不了

游戏目标：

练习轻轻地走和跑。

游戏准备：

一块平整的场地。

游戏玩法：

1. 教师扮老猫蹲在场地中央，幼儿扮小猫在“老猫”的周围蹲着。

2. “老猫”睡着了，“小猫”一起轻声朗诵儿歌：“老猫睡觉醒不了，小猫偷偷往外瞧，小猫小猫爱游戏，轻轻走（跑）到外面去。”朗诵完儿歌，“小猫”轻轻地走到场地周围藏起来。“老猫”听到“小猫”走开后，睁开眼睛说：“老猫睡醒四面瞧，我的孩子不见了。”同时站起来四面张望，寻找“小猫”，嘴里“喵喵”叫。“小猫”听到“老猫”的叫声，才能一边“喵喵”叫着，一边赶快跑到“老猫”的身边。

游戏规则：

1. “小猫”在朗诵儿歌的时候要轻声，不能吵醒“老猫”。

2. “小猫”在藏起来时不能离开指定的游戏场地。

附儿歌：

老猫睡觉醒不了，
小猫偷偷往外瞧，
小猫小猫爱游戏，
轻轻走（跑）到外面去。

（二）飘到地上睡个觉

游戏目标：

练习张开双臂自由跑动，能根据语言提示停下来。

游戏准备：

一块平整的空场地。

游戏玩法：

教师和幼儿边念儿歌边做动作：张开双臂上下挥舞，说到“飘到地上睡个觉”时，蹲在（躺在）地上做睡觉状。游戏反复进行。

游戏规则：

1. 活动前共同熟悉儿歌。

2. 场地平整开阔，防止幼儿相互碰撞。

附儿歌：

秋天到，树叶黄，
一片一片往下飘，
飘到地上睡个觉。

（三）我是小风车

游戏目标：

练习原地自转 1—3 圈，发展幼儿的平衡能力。

游戏准备：

一块平整的场地。

游戏玩法：

1. 教师一边念儿歌一边演示动作：双手侧平举，在原地转圈。
2. 指导幼儿练习双手侧平举在原地转圈的动作。
3. 引导幼儿学习儿歌，一边念儿歌，一边做游戏。

游戏规则：

1. 幼儿需模仿教师，双手侧平举，并在原地进行自转。自转时，应保持身体平衡，尽量做到动作协调。

2. 当念到“大风吹来快快转”时，幼儿应尝试快速转圈；当念到“小风吹来慢慢转”时，则应放慢转圈的速度。

附儿歌：

我是一架小风车，
大风吹来快快转，
小风吹来慢慢转。

（四）大风和树叶

游戏目标：

能听游戏指令做动作，练习走、跑交替。

游戏准备：

宽阔平整的场地。

游戏玩法：

教师扮大风，幼儿蹲在地上扮树叶。教师说“起风了”，小朋友站起来，在场地上自由行走；教师说“风大了”，幼儿快快地跑；教师说“风小了”，幼儿慢跑或慢走；教师说“风停了”，幼儿原地站住，慢慢蹲下不动。

游戏规则：

1. 游戏结束时，幼儿在场地上自由放松活动，教师轻拍幼儿一下，幼儿便跟老师走（捡树叶），变成一个跟着一个走，直到全部幼儿都跟上，教师带幼儿离开场地（大风送树叶回家）。

2. 提醒幼儿按照教师的指令控制自己的动作，在走、跑时注意不要互相碰撞。

附儿歌：

起风啦，树叶舞翩翩，
风大了，快跑笑哈哈，
风小了，慢走乐悠悠，
风停了，叶儿歇一歇，
游戏完，跟老师回家转。

（五）大鱼来

游戏目标：

能够随着儿歌的节奏玩捉鱼游戏，获得快乐的体验。

游戏准备：

一块平整的场地。

游戏玩法：

请两名幼儿手拉手做“渔网”，其他幼儿做“小鱼”。“小鱼”一边说《大鱼来，小鱼来》的儿歌，一边依次穿过“渔网”，当说到最后一个“来”字时，谁被网住，谁就要说出“我是大鱼”“我是小鱼”，或“我是大鲨鱼”“我是小丑鱼”，等等。说完钻出“渔网”，游戏继续进行。游戏进行 3—5 遍后，幼儿可以交换角色，继续游戏。

游戏规则：

提醒幼儿有序游戏，避免拥挤碰撞。

附儿歌：

大鱼来，小鱼来，
大鱼不来小鱼来，小鱼不来虾蟹来，
虾蟹来了小鱼来，小鱼来了大鱼来。

（六）一二三

游戏目标：

体验身体的收缩与伸展带来的变化。

游戏准备：

一块平整的场地。

游戏玩法：

引导幼儿想象自己变大、变小的动作，产生试一试的兴趣。教师发出“一二三，大人国”的指令时，幼儿便把脚张开、把手伸开，以“大”的造型亮相；发出“一二三，小人国”的指令时，幼儿便收缩身体，以“小”的造型亮相。待幼儿熟悉了玩法之后，教师可以换指令：“一二三，小手国”“一二三，大脸国”“一二三，大嘴国”等。

游戏规则：

提醒幼儿做“大”的动作已变得最大；做“小”的动作时，最小。

附儿歌：

一二三，大人国，
一二三，小人国，
一二三，小手国，
一二三，大脸国，
一二三，大嘴国。

（七）蝌蚪宝宝变青蛙

游戏目标：

1. 了解小蝌蚪变青蛙的有趣过程。

2. 发展原地弹跳的能力。

游戏准备：

欢快的音乐，平整的场地。

游戏玩法：

教师带领幼儿在场地上自由走动，当教师说“我是小蛙卵”时，幼儿团身蹲在地上不动；当教师说“春天天气暖和了，蛙卵动起来了，变成黑黝黝的小蝌蚪”时，幼儿站起来，双臂贴着身体，晃着头在场地上“游来游去”；当教师说“小蝌蚪后腿长出来了”时，幼儿两腿踢一踢；当教师说“小蝌蚪前腿长出来了”时，幼儿手臂伸一伸；当教师说“变成小青蛙了”时，幼儿做蛙跳，发出“呱呱”的叫声。

游戏规则：

1. 提醒幼儿根据教师的口令进行游戏。

2. 指导幼儿按口令要求模仿小蝌蚪、青蛙的样子。

附儿歌：

我是小蛙卵，静静水中躺，
蝌蚪后腿长，游泳更欢畅。
前腿紧跟上，身形渐变样，
最终成青蛙，呱呱唱响亮。

（八）网鱼

游戏目标：

练习钻的动作，体验玩“网鱼”游戏带来的快乐。

游戏准备：

宽阔的游戏场地。

游戏玩法：

一部分幼儿手拉手围成一个圆圈做“渔网”，部分幼儿分散在圆圈外当“小鱼”。游戏开始时，做“渔网”的幼儿手拉手站着念儿歌；做“小鱼”的幼儿在“渔网”周围钻进钻出，不要碰到“渔网”；当儿歌念到最后一句时，扮“渔网”的幼儿立刻蹲下，并一起数一数网住了几条“小鱼”。

游戏规则：

让每轮被网住的“小鱼”去当“渔网”。当只剩下一两条“小鱼”时，重新组织游戏。

附儿歌：

小鱼小鱼游游游，
摇摇尾巴点点头。
向上游，向下游，
游来游去真自由。

（九）走、跑、跳

游戏目标：

练习听口令进行走、跑、跳的反应能力，体验游戏的乐趣。

游戏准备：

背景音乐，安全的活动场地。

游戏玩法：

1. 组织幼儿熟悉游戏规则，听教师的口令做相应的动作。如“走走，跑跑，跳一跳”“走走，跳跳，走走跳”“跑跑，跳跳，跑跑跳”。

2. 组织幼儿听口令进行走、跑、跳的游戏。

（1）教师慢慢念口令，请幼儿练习。

（2）教师逐步加快念口令的速度，锻炼幼儿的反应能力。

（3）请幼儿两人一组，相互说口令做游戏。

（4）教师将4—6名幼儿分成一组进行游戏，更细致地观察幼儿的反应能力。

游戏规则：

1. 幼儿需要认真听教师的口令，教师要逐步加快说口令的速度。

2. 在游戏过程中，幼儿要避免碰撞。

附儿歌：

走走跑跑跳一跳，
走走，跑跑，跳一跳，
走走，跳跳，走走跳，
走走，跳跳，走走跳，
跑跑，跳跳，跑跑跳，
跑跑，跳跳，跑跑跳。

（十）电风扇

游戏目标：

学习在原地自转1~2圈，锻炼平衡能力，增强身体控制能力。

游戏准备：

宽阔平整的户外场地。

游戏玩法：

1. 幼儿边念儿歌边在原地自转：“风儿吹，风儿凉，我是小小电风扇，咔嚓一声转起来。”

2. 当教师说“电风扇准备”时，幼儿两臂侧平举做好准备。当教师说“电来了”时，幼儿边念儿歌边自转1—2圈，并发出“呼呼”的声音。当教师说“停电了”时，幼儿两臂放下，停下来站在原地不动。

游戏规则：

幼儿开始游戏，当停下来时，谁忍不住笑了或动了，将被罚模仿一种小动物或表演一个节目。

附儿歌：

风儿吹，风儿凉，
我是小小电风扇，
咔嚓一声转起来。

中班

（一）狮王和小动物

游戏目标：

1. 练习四散追逐跑、躲闪跑的动作。

2. 能听指令看信号迅速做出正确的反应，找准自己的“家”。

游戏准备：

狮王头饰，4 种小动物头饰。

游戏玩法：

一名幼儿扮狮王，其余幼儿戴上其他动物头饰并围成圈状，“狮王”站在圈中央。游戏开始，教师带领“小动物”在规定场地做模仿动作，当教师说“狮王来了”时，“狮王”追捕“小动物”，“小动物”迅速逃跑，回到场地两端的“家”中。被捉住的幼儿为下一轮活动的“狮王”，互换角色重新开始。

游戏规则：

1. 听到指令后，“狮王”才能开始追捕“小动物”，“小动物”才可以逃。

2. 教师可圈定“家”为休息区，“狮王”不能追捕“家”中的“小动物”。

（二）跳伞

游戏目标：

1. 练习由30厘米左右的高处往下跳，能轻轻落地，保持平衡，发展跳跃能力。

2. 感受小伞兵勇敢、不怕困难的精神。

游戏准备：

每人准备1条方形纱巾，把相邻的两只角连接起来，套在头上当降落伞，每人1把小椅子。

游戏玩法：

1. 把椅子分两边摆放；幼儿分两路纵队在椅子旁站好，活动中教师引导幼儿要听指挥做相应动作，往下跳时能轻轻落地，保持身体平衡。

2. 游戏开始，教师说："现在我们就开飞机上天正式演习了，每架飞机准备好，出发！"幼儿在场地上自由"飞"。教师又说："飞机飞到云层里了（原地打转），飞机飞出云层了，回到机舱门口（站在小椅子上），做好跳伞准备，预备——跳！"幼儿从小椅子上往下跳，游戏可反复进行。

游戏规则：

1. 幼儿在跳的过程中要注意安全。

2. 幼儿认真听教师的指令，根据口令做相应的动作。

（三）迷迷转

游戏目标：

1. 会听信号做蹲、蜷缩、自转和站立不动的动作。

2. 锻炼幼儿迅速反应的能力。

游戏准备：

游戏场地。

游戏玩法：

1. 游戏准备。幼儿两臂侧平举，或两手叉腰，在原地旋转，边转边念儿歌：迷迷转，迷迷转，大风吹来快快站。当念到“站”字时，马上停止旋转。幼儿自行反复练习。

2. 游戏开始，幼儿四散站立，教师发出指令，全体幼儿同时边念儿歌边做迷迷转动作，当念到“站”字时，教师接着说“小皮球”，幼儿马上蹲下，缩成皮球状。教师说“转”，幼儿又边念儿歌边做迷迷转动作。听到教师说“小木偶”时，幼儿立即站好不动。游戏可反复进行。

游戏规则：

1. 在游戏的过程中提醒幼儿要注意安全。

2. 引导幼儿不断变换方向旋转。

3. 教师发出的信号可以多样化，如“小鸭子”“不倒翁”“小鸟”等，幼儿根据信号做动作。

（四）蜗牛爬

游戏目标：

练习集体手拉手侧身走，能有意识地保持队形完整。

游戏准备：

游戏场地。

游戏玩法：

1. 幼儿手拉手站成一横排，教师站在队首。

2. 音乐响起，教师拉起第一个幼儿的手，按顺时针方向侧身向前走，其他的幼儿手拉手依次跟随侧身走成一个圆形。当教师接近队尾的一个幼儿时，带领队伍从内侧超过队尾的幼儿，使队伍变成内外两层并继续前行，后面的幼儿继续跟随。教师继续带领队伍前行，直至走到圆心位置，这时的队伍像蜗牛一样成多层围拢在一起。之后，教师转身，带领队伍按逆时针方向，从圆心逐层慢慢走出，围拢的圆圈逐渐展开，变成一个大圆圈，最后再变成一横排。

游戏规则：

1. 游戏自始至终，幼儿保持侧身体位、步幅均匀向前走；拉着的手不能松开，保持队伍连接，不间断。

2. 教师的步幅要适中，速度要慢一点，保证后面的幼儿不掉队。

3. 游戏可反复进行，熟悉后可请幼儿当领头人，带领大家游戏。

附儿歌：

蜗牛爬，蜗牛爬，
蜗牛在地上慢慢爬。
爬到柳树长了叶，
爬到桃树开了花。

（五）小猴荡秋千

游戏目标：

练习双手抓杠悬空吊起，增强手臂的力量。

游戏准备：

单杠或幼儿园滑梯下面的横杆。

游戏玩法：

请五名幼儿双臂抓住单杠，身体悬空，扮演小猴荡秋千，其余幼儿朗诵儿歌：五只小猴荡秋千，嘲笑鳄鱼被水淹，鳄鱼来了鳄鱼来了，嗷嗷嗷。当朗诵完儿歌，能坚持的幼儿继续悬空，不能坚持的幼儿可以松手落地。其他幼儿继续朗诵儿歌。如扮演小猴的幼儿有三名能继续坚持，那儿歌就可改为：三只小猴荡秋千，嘲笑鳄鱼被水淹，鳄鱼来了，鳄鱼来了，嗷嗷嗷。

游戏规则：

1. 依此类推，直到扮演小猴的幼儿都不能坚持悬空而落下来。然后更换五名幼儿，游戏继续进行。

2. 教师根据幼儿的能力，调整朗诵诗歌的快慢和让幼儿悬空的时间。

附儿歌：

五只小猴荡秋千，
嘲笑鳄鱼被水淹，
鳄鱼来了鳄鱼来了，嗷嗷嗷，
四只小猴荡秋千，
嘲笑鳄鱼被水淹，
鳄鱼来了鳄鱼来了，嗷嗷嗷，
三只小猴荡秋千，
嘲笑鳄鱼被水淹，
鳄鱼来了鳄鱼来了，嗷嗷嗷，
两只小猴荡秋千，
嘲笑鳄鱼被水淹，
鳄鱼来了鳄鱼来了，嗷嗷嗷，
一只小猴荡秋千，
嘲笑鳄鱼被水淹，
鳄鱼来了鳄鱼来了，嗷嗷嗷，
没有小猴荡秋千，
鳄鱼高兴地游走了。

（六）小伞兵

游戏目标：

在平衡木上变换手臂动作走，提高平衡能力和协调能力。

游戏准备：

平衡木4条，场地上画好起跑线和终点线。

游戏玩法：

将幼儿分成两纵队，在离平衡木10米处站好，共同说儿歌《小小飞行员》。教师发出口令："第一战斗队起飞。"每队排头幼儿两臂斜下举做飞机准备起飞状，接着快步走到平衡木前，然后上平衡木，在平衡木上两臂侧平举表示飞机起飞；走至平衡木中间时，两臂上举表示飞机穿过云层；下平衡木时，两臂斜下举，表示飞机降落。

游戏规则：

1. 幼儿上平衡木和走到平衡木中间时要变换动作。
2. 待幼儿动作熟练后，可进行分组竞赛。

附儿歌：

小小飞行员，
真是不简单，
驾起小飞机，
勇敢飞上天。

（七）风儿与花

游戏目标：

掌握 20—30 米追逐跑的基本要领，能动作灵敏地与同伴游戏。

游戏准备：

“风儿”与几种“花”的代表手环。

游戏玩法：

幼儿自由选择“风儿”和“花”的角色，并按手环自己分组，每组 10 人左右。扮演“花”的幼儿自由协商按“花”的种类分小组和出发的顺序，当说到某种花名时，扮演该花的幼儿由起点迅速向前跑，躲避“风儿”的追捕。被追捕到的“花”改为“风儿”，下次游戏时追捕其他的“花”，继续游戏。

游戏规则：

1. “花”跑到终点后，“风儿”就不能再追了；

2. 提醒幼儿追逐时注意安全。

（八）跳圈接力

游戏目标：

1. 练习双脚立定跳远（距离不少于 40 厘米）。

2. 锻炼腿部肌肉力量，发展动作的协调性。

游戏准备：

塑料圈（直径约 50 厘米）若干。

游戏玩法：

带领幼儿把塑料圈纵向摆成 4 列，圈与圈之间距离不少于 40 厘米。幼儿分为 4 组，面向塑料圈站好。游戏开始，第一名幼儿依次跳过本组塑料圈至终点，再折回跑至起点，拍下一位幼儿的手，接力依次进行。看哪组幼儿速度快。

游戏规则：

1. 跳圈时必须是双脚立定跳远的动作，轻轻落地。

2. 游戏时一定要在老师的范围内并注意安全。

（九）单脚跳的大公鸡

游戏目标：

1. 能单脚连续向前跳 5 米左右。

2. 发展弹跳力，增强腿部力量和平衡能力。

游戏准备：

1. 将 24 个圈每隔 5 米摆放成 6 排，每排 4 个。

2. 分别在每排第一个圈和第三个圈内放入一个沙包。

游戏玩法：

幼儿戴好头饰，扮演大公鸡，分成 6 队，每队 4 人进行比赛。幼儿从第一个圈内捡起一粒“米”（沙包），单脚连续跳到下一个圈放下“米”，换另一条腿单脚连续跳向下一个圈，再从圈里捡起另一粒“米”，再换腿跳向下一个圈放下“米”，最先完成者获胜。

游戏规则：

1. 单脚跳时避免和同伴相撞。

2. 在跳的过程中不能随意换腿跳。

（十）赤橙黄绿青蓝紫

游戏目标：

能敏捷地进行急走急停的动作，体验游戏的乐趣。

游戏准备：

平整的场地。

游戏玩法：

教师站在幼儿前面 15 米左右，然后背对幼儿说口令“赤橙黄绿青蓝紫”，幼儿快步向老师方向走来。当说到“紫”的时候，教师转身，幼儿急停，没停住的幼儿返回起始线，等待下一轮。当幼儿全部停住后，教师继续说口令，进行第二轮。

游戏规则：

1. 最先到达老师身边的幼儿为胜。

2. 教师提醒幼儿在快停的时候要向前跨一步，双腿屈膝，缓冲身体。

3. 教师运用不同的语速说口令，通过语速的变化让幼儿进行短距离走、停和长距离走、停。

大班

（一）穿地道

游戏目标：

能听信号原地转向和改变方向走。

游戏玩法：

教师将幼儿分成两组，做“地道”的一组幼儿站成 4 列纵队，然后两臂侧平举手拉手，横队和横队之间的通道即为地道，另一组幼儿则为穿地道者。

游戏开始时，穿地道的幼儿分散地在各条地道中随意走动。教师发出口令：“向左（右）——转！”组成地道的幼儿立即放下手臂，同时向左（右）转身，然后再侧平举，手拉手地组成新地道。穿地道的幼儿继续在新地道中任意走动。反复转身数次后，让两组幼儿交换角色，然后继续进行游戏。

游戏规则：

1. 教师指导穿地道的幼儿，穿地道前要先讨论并统一走的方向，以避免他们相互碰撞；

2. 指导扮演地道的幼儿，要分清左右方向。

（二）爬长城

游戏目标：

能够手脚协调一致地攀爬，掌握攀爬技巧。

游戏准备：

攀登架。

游戏玩法：

幼儿分两队或 4 队，从起点跑向攀登架，手脚协调爬过攀登架，然后跑到终点，摸一下小红旗跑回，拍第二名幼儿的手，如此接力进行。最后一名幼儿拔下红旗跑回，速度快者获胜。

游戏规则：

1. 过攀登架时正面爬上，另一面反身顺着爬下，攀爬时注意安全。

2. 教师站在攀登架前，适当帮助胆小的幼儿顺利过关，增强他们的自信。

（三）迈大步

游戏目标：

能根据猜拳的手势向前迈相应的步数，练习大步向前跨走。

游戏准备：

场地上画好起点线、终点线。

游戏玩法：

幼儿两人一组从起点出发，通过猜拳游戏向前迈大步。猜拳胜利的一方向前迈步，剪子胜包袱迈两步，包袱胜拳头迈 5 步，拳头胜剪刀迈 10 步，以先到达终点者为胜。

游戏规则：

1. 指导幼儿先练习猜拳，胜利者能迅速说出自己要迈几步。

2. 两人一组游戏，注意互相配合达成共识，不要与其他组幼儿发生碰撞。

（四）树叶与风

游戏目标：

能按教师口令以不同的速度旋转，并保持身体平衡。

游戏准备：

场地。

游戏玩法：

幼儿当小树叶，当老师发出“大风”的口令时，幼儿张开双臂快速转；发出“小风”的口令时，幼儿张开双臂慢转；发出“风停”的口令时，幼儿蹲下不动。游戏可反复进行，看谁的动作能与指令相统一，没有摔倒，也没有碰到别人。

游戏规则：

1. 指令也可以由“口令”变成用“铃声”或“字条”提示。

2. 提示幼儿旋转前注意与别人保持距离。

（五）捕小鱼

游戏目标：

提高双脚原地跳的能力和反应的灵敏性。

游戏准备：

长绳一根做网

游戏玩法：

两名幼儿扮渔翁，手拉“渔网”（用绳子代替，各拉绳子一端）站在圈外。其余幼儿四散站在“鱼塘”内（在地上画圆圈表示）扮小鱼游。两“渔翁”同时拉绳，向“鱼塘”对岸拉绳弯腰快跑，“网”与地面保持20—30厘米的高度。遇到“渔网”时“小鱼”必须双脚原地跳起躲避，若碰到“渔网”就算作被捕住，该“小鱼”必须离开“鱼塘”。重复游戏，直到大多数“小鱼”被捕住后，交换角色，游戏重新进行。

游戏规则：

1. 根据幼儿的活动量灵活调整游戏次数。
2. 提示幼儿双脚跳起时要弯曲膝盖，同时避免奔跑时相互冲撞。

（六）螃蟹走

游戏目标：

能两人协调一致侧身走，发展合作运动能力，提高动作敏捷性和协调能力。

游戏准备：

场地。

游戏玩法：

幼儿两人一队，面对面或背对背，两臂侧平举，两手相握，模仿螃蟹（两人同时向一个方向）横着走。教师扮捉“螃蟹”的人。

游戏开始，教师捉“螃蟹”，即用手去捉“螃蟹”的身体。“螃蟹”四散逃走，并设法使身体侧对教师，或用相握的手挡住教师，防止被捉到，如被捉到，即到旁边休息。当捉到 2—3 对“螃蟹”（教师决定），游戏重新开始。

游戏规则：

提醒幼儿注意与同伴动作一致。

（七）捉龙虾

游戏目标：

提高单脚跳和快速反应的能力。

游戏准备：

场地。

游戏玩法：

在场地上画出一个范围，多数幼儿扮龙虾，在圈内单脚站立或跳跃；3—5 名幼儿手拉手扮渔网，跑动去捉“龙虾”。“龙虾”若被抓住了就加入“渔网”队伍继续手拉手去抓其他“龙虾”，直到所有的“龙虾”被捉住，游戏结束。“龙虾”快被捉住时可以蹲下来表示安全，“渔网”就不能去捉了。

游戏规则：

1. 关注幼儿的运动量并有针对性地进行指导。
2. 如幼儿人数较多可分两组进行活动。

（八）爆米花

游戏目标：

根据儿歌的提示迅速做出原地下蹲及双脚向上纵跳的动作，且反应灵敏。

游戏玩法：

若干幼儿手拉手围成圆圈，为爆米花的“锅子”，另请8—10名幼儿钻到圈内当“米粒”。

游戏开始，“锅子”沿顺时针方向边走边念儿歌：“锅子转，爆米花，锅里米粒噼噼啪，时间到了就爆炸，砰！米花熟了快来抓！”念到“砰”时，“锅子”和“米粒”同时向上蹦跳，“锅子”立即蹲下，松开相拉的手，表示“锅盖”打开了。当念到“抓”时，“米粒”赶快往圈外跑，“锅子”立即站起，手拉手，将未跑出的“米粒”围在圈内。跑出的“米粒”充实到“锅子”队伍中，其余“米粒”仍进入圈内，游戏继续进行，直至“米粒”全部跑出。然后调换角色，游戏重新开始。

游戏规则：

1. 教师提醒幼儿遵守游戏规则：只有念到“砰”时，“锅”和“米粒”才可同时向上蹦跳。

2. 请幼儿在教师的视线内游戏。

（九）看谁反应快

游戏目标：

能按照口令正确做相应动作，发展走、跑、跳、蹲等基本动作及灵活的反应能力。

游戏玩法：

教师发出一定口令，幼儿根据口令做相应动作，口令逐渐增多加快，难度逐渐加大。如“走走跑跑”“走跑跳走”“走蹲跳走”等。

游戏规则：

1. 教师可先用慢的口令带领幼儿练习，等熟悉游戏规则后再加快速度和难度。

2. 提醒幼儿遵守游戏规则，注意安全。

（十）大浪小浪

游戏目标：

1. 能根据提示快速反应，做出钻和跳的动作。

2. 发展倾听和快速反应的能力。

游戏玩法：

将幼儿分成3组，第一组和第二组面对面，互相牵手，扮演海浪；第三组幼儿排成1队站在一侧扮演小鱼。教师说“大浪”时，扮演“海浪”的幼儿将互相牵着的手抬高，扮演“小鱼”的幼儿要从“大浪”下钻过，到达对岸。教师说“小浪”时，扮演“海浪”的幼儿就牵着手一起蹲下，扮演“小鱼”的幼儿要从“小浪”上依次跳过，到达对岸，若“小鱼”碰到“海浪”即被淘汰。

游戏规则：

1. 提醒幼儿从同伴手上跳过时要小心，避免被绊倒或踩踏同伴的手。

2. 幼儿熟练后，教师可提高游戏的难度。如：加快“大浪”和“小浪”变化的速度；或调整“大浪”和“小浪”的高度，增加幼儿钻和跳的难度；等等。

传统游戏

小班

（一）老鹰捉小鸡

游戏目标：

锻炼团队协作与灵活躲避，增强幼儿的身体协调性和反应能力。

游戏准备：

老鹰头饰 1 个，小鸡头饰若干。

游戏玩法：

选一名幼儿扮演老鹰，佩戴老鹰头饰，其余幼儿扮演小鸡，佩戴小鸡头饰，站在安全区域内。游戏开始，“老鹰”尝试进入安全区域捕捉“小鸡”，“小鸡”们在区域内灵活躲避“老鹰”的捕捉。当“老鹰”捕捉到一只“小鸡”时，该“小鸡”退出游戏，游戏继续进行，直到所有“小鸡”都被捕捉。“小鸡”们可以相互协作，通过快速移动、转身等方式躲避“老鹰”。

游戏规则：

1. 提醒幼儿在躲避“老鹰”时要注意安全，避免碰撞。

2. “老鹰”在捕捉“小鸡”时要控制力度，不要伤害到其他幼儿。

（二）老狼老狼几点了

游戏目标：

练习听口令四散跑，并能有意识地进行躲闪。

游戏准备：

老狼头饰，场地一端画一条起点线。

游戏玩法：

幼儿扮小动物，四散站立在线后，教师扮老狼背对“小动物”，站在起点线前2米处。

游戏开始后，“小动物”和“老狼”一同往前走，“小动物”边走边问：“老狼，老狼，几点了?”“老狼”回答：“×点钟。”然后“小动物”继续问：“老狼，老狼，几点钟?”“老狼”再回答：“×点钟。”“小动物”每问一句就要大胆地走近“老狼”几步。这样边走边问，直到走出起点线6—8米后，“老狼”回答“天黑了”，“小动物”快速转身向起点方向跑，“老狼”转身抓捕“小动物”，但不能越过起点线。

游戏规则：

1. 提醒幼儿转身跑回时注意躲闪，避免碰撞。

2. 可交替进行快跑、慢跑或快走，调节活动量。

（三）菊花何时开

游戏目标：

听信号四散追逐跑并进行躲闪，提高快跑、躲闪的动作技能。

游戏玩法：

请一名幼儿戴头饰蹲在圆心位置当菊花，其他幼儿手拉手面向“菊花”围成圆圈。

游戏开始，拉手的幼儿按逆时针方向边走边问：“菊花何时开?”“菊花”答：“一月不开三月开。”又问：“菊花几时开?”“菊花”答：“二月不开三月开。”如此重复进行。当听到“菊花”回答“菊花九月开”时，拉手的幼儿立即四散跑开，“菊花”则立即站起来追逐。捉住一名幼儿后，交换角色，游戏重新开始。

游戏规则：

1. 提示幼儿四散跑时注意安全，避免磕碰。

2. 根据活动情况变换追逐的方式，如慢跑、快走等，调节活动量的大小。

（四）剪子包袱锤

游戏目标：

练习双脚原地向上纵跳及落地时前后、左右分腿的动作。

游戏准备：

场地。

游戏玩法：

教师带领幼儿一起集体练习用腿、脚做“剪子、包袱、锤”的动作（双脚并拢表示“锤”，双脚前后分开表示“剪刀”，双脚平行分开表示“包袱”），并告知幼儿游戏中比胜负的标准。

两个小朋友为一组，两人一起一边说：“剪子、包袱、锤。”一边双脚并拢跟着节奏做两次原地纵跳动作；在说到“锤”的时候纵跳落地，同时用腿和脚做出“剪子、包袱、锤”的动作，这时比胜负，胜者向前迈一大步。游戏从起点开始，最先到达终点者为胜。

游戏规则：

1. 先请一组小朋友示范玩游戏。

2. 幼儿自由结伴从起点开始进行游戏。教师巡回指导，也可与幼儿一起游戏。

（五）城门城门几丈高

游戏目标：

能在集体协作游戏中动作协调，感受集体协作游戏的乐趣。

游戏准备：

场地。

游戏玩法：

两个幼儿做“城门”，双手相握上举，事先商量好，一方为“橘子”，一方为“香蕉”。其余幼儿围成圆圈，边说儿歌边依次钻过“城门”。当儿歌说到最后一个字时，做“城门”的两个人手放下，套住一个过门人，然后问他要吃“香蕉”还是“橘子”，被套住的人回答后，站在相应的一方后面。

游戏规则：

1. 等所有幼儿被套完后，比一比“香蕉”多还是“橘子”多。

2. 更换做“城门”的幼儿，重复进行游戏。

附儿歌：

城门城门几丈高？三十六丈高。

骑花马，带大刀，走进城门套一套。

问你吃橘子，还是吃香蕉？

（六）荷花几时开

游戏目标：

1. 能听信号四散地追逐跑、躲闪跑，提高快跑、躲闪的能力。

2. 能迅速且正确地应答儿歌，体验问答游戏的快乐。

游戏准备：

自制的荷叶帽一顶。

游戏玩法：

一名幼儿蹲着扮荷花，其他幼儿手拉手成圆圈状围着“荷花”逆时针走，边走边问：“荷花荷花几时开？”“荷花”答：“一月不开二月开。”又问：“荷花荷花几时开？”“荷花”答：“二月不开三月开。”如此继续，直到“荷花”答：“六月荷花满池开。”其他幼儿便立即四散跑开。这时，“荷花”也即刻起身追捉周围幼儿。“荷花”捉住一名幼儿后，交换角色，游戏重新开始。

游戏规则：

1. 教师提醒幼儿遵守规则，只有当听到“六月荷花满池开”时，其他幼儿才能四散跑开，扮荷花的幼儿才能捉人。

2. 扮荷花的幼儿可在圈内自由做手臂的动作，以增加角色的趣味性。

中班

（一）转陀螺

游戏目标：

能听信号原地自转3—5圈，且保持身体的平衡。

游戏玩法：

两名幼儿自由结合，一位幼儿扮演陀螺，另一名幼儿扮演转“陀螺”的人。当转“陀螺”的幼儿拍打“陀螺”时，“陀螺”要自转，被拍打几下就自转几下。游戏开始时，教师可提醒扮演陀螺的幼儿自转得慢些，次数可为1—3次，练习几次后，“陀螺”可适当提高自转的速度和次数（最多不超过5次）。

游戏规则：

1. 教师可扮演转陀螺的人，幼儿扮演小陀螺，幼儿间进行比赛，看谁根据教师的口令转得快。

2. 教师要特别提醒幼儿注意安全。

（二）冰糕化水

游戏目标：

练习追逐、躲闪和四散跑。

游戏准备：

提前画好游戏场地。

游戏玩法：

教师指定两名幼儿当追捉者，其余幼儿当冰糕。游戏开始，“冰糕”在指定范围内四散地躲闪快跑，同时追捉者去追捉“冰糕”。“冰糕”在将要被捉住时，应尽快蹲下并说：“化水!”这样追捉者就不能再捉已化水的“冰糕”了。如果“冰糕”没蹲下或没说“化水”而被捉住则算“冰糕”输了。然后由输者当追捉者，游戏重新开始。

游戏规则：

1. “冰糕”不能因为怕被捉到而总是蹲着。

2. “冰糕”必须在规定范围内跑动，不得到处乱跑；

3. 追捉者不能使劲推或拍“冰糕”。

（三）编花篮

游戏目标：

锻炼腿部力量，提高平衡能力及与他人协调合作的能力。

游戏玩法：

幼儿两人一组，分别单腿站立，另一条腿与另一幼儿抬起的腿盘在一起，边说儿歌边跳。说到最后一句时，可轮流给花篮里的孩子起名字（可起花的名字、树的名字、水果的名字等）。

游戏规则：

提示幼儿蹦跳时要与儿歌的节奏一致。

附儿歌

编，编，编花篮，
花篮里面有小孩，
小孩的名字叫什么？
叫××。

（四）网鱼

游戏目标：

能够躲闪跑，体验合作游戏的快乐。

游戏准备：

宽阔的游戏场地。

游戏玩法：

游戏开始，两名幼儿拉手扮渔网，边说儿歌边网鱼，其他幼儿扮鱼在圈内躲闪跑："金网网，银网网，网条大鱼喜洋洋。"当说到第二个"洋"字，扮网幼儿网住一条"鱼"。然后三人拉手继续网鱼，说第二段儿歌："打鲫鱼，打草鱼，打条鲤鱼肥又壮。"说到"壮"字，再网住一条鱼，四人拉手转圈说第三段儿歌："吃鱼肉，喝鱼汤，宝宝聪明又健康。"最后四人两两结合变成两个"渔网"，继续做"网鱼"游戏。这样"渔网"越来越多，"鱼"越来越少，直至全部捕完"鱼"为止。

游戏规则：

提醒幼儿游戏时不能越出圆圈，跑时不要相互碰撞。

（五）结冰

游戏目标：

练习听口令做相应的动作，具有一定的自控能力。

游戏玩法：

幼儿四散站在场地四周，自由跑动，教师喊“结冰”，幼儿迅速保持原来动作停住不动；教师喊“冰化了”，幼儿自由做动作。

游戏规则：

指导幼儿根据教师的口令迅速做出反应，并能保持住。

（六）多人多足

游戏目标：

能够控制速度和力量，与同伴协调一致，多人同时行走。

游戏准备：

布条，宽阔的活动场地。

游戏玩法：

1. 竖排走。三名幼儿竖排站好，后面的幼儿双手搭在前面幼儿的肩上，同时齐步走，人数可逐渐增多，比一比哪排幼儿走得快、配合得好。也可在长纸板上有间隔地装订松紧带，请幼儿踩在两个纸板上进行行走游戏。

2. 横排走。先由两人主足开始玩起，将两人邻近的腿用布条绑在一起进行行走。接下来逐渐增加人数，相邻两人相邻的腿均绑在一起，一排同时走。比一比哪排幼儿走得快，队形不散乱，人员不摔倒。

游戏规则：

提示幼儿不要急于行走，避免摔倒，要与其他同伴步调一致。

（七）贴人

游戏目标：

练习在一定范围内追逐跑，能够快速反应和快速跑。

游戏准备：

宽阔的活动场地。

游戏玩法：

幼儿分两组，手拉手围成内、外两圈，内圈幼儿与外圈幼儿两人一组，一前一后站立，左右间隔约一步。请两名幼儿站在圈外，一个当追逐者，另一个当被追逐者。

游戏开始，追逐者与被追逐者沿着圈外快跑追逐。在跑的过程中，被追逐者可跑到任何一对幼儿的前面站住（贴人）。被贴的这对幼儿中后面的一名就变成被追逐者，并立刻沿着圈外快跑，追逐者继续追。如果被追幼儿被捉到就成为追逐者；如果被追者连续贴换三次仍未被捉到，就应另换追逐者，游戏重新开始。

游戏规则：

提醒幼儿快跑时注意安全。

大班

（一）斗鸡

游戏目标：

练习单脚站立，用膝盖与同伴相互对撞，提高快速躲闪等平衡能力。

游戏准备：

选择一块平坦的场地或草地。

游戏玩法：

两人一组单脚站立，右（或左）腿抬起，用左（或右）手握住右（或左）脚踝关节。游戏开始，双方用膝盖相互撞，或者用躲、闪等动作使对方失去平衡，脚先落地者为输。

游戏规则：

1. 引导幼儿能迅速碰撞对方并学会灵活躲闪。

2. 活动中提醒幼儿注意安全。

（二）跳房子

游戏目标：

1. 能单脚、双脚交替行进跳跃。

2. 锻炼腿部力量，发展动作的灵活性和协调性。

游戏准备：

活动前在场地画好“房子”，沙包。

游戏玩法：

将沙包用手投入第一格，幼儿单脚跳至沙包处，双脚夹住沙包抛入第二格，再单脚踢入第三格，然后重复上面的玩法，依次完成。到最后格后双脚夹沙包踢起，用手接住。第二名幼儿再将沙包投入第一格，依次进行动作。通过的人数多的一组为胜方。

游戏规则：

1. 教师指导，让每组完成游戏的幼儿分别站在一方。

2. 违反规则的幼儿站在另一方，进行比赛。

（三）冰棍化了

游戏目标：

1. 掌握快速追逐和躲闪跑的动作。

2. 体验与同伴配合共同游戏的乐趣。

游戏准备：

场地，红色彩带。

游戏玩法：

将幼儿分成两组，一组为追逐者，手臂系红色彩带。游戏开始时，被追逐的幼儿四散在大圆圈内，躲避追逐。当追逐者接近时，被追逐者双臂抱在胸前说“冰棍”，然后站立不动，追逐者则不能再追，等他（她）离开后，不动的幼儿可以说“化了”，即可继续四散跑。如被追逐的幼儿跑出大圆圈或被追逐者拍到，即被淘汰。

游戏初期，扮演追逐者的幼儿人数不宜过多，根据幼儿对游戏玩法的掌握情况，教师可逐渐增加难度，如：逐渐增加追逐者的人数；或变成“冰棍”以后，必须其他同伴拍手营救之后才可以跑动；等等。

游戏规则：

注重个别指导，提醒幼儿掌握追逐躲闪跑的动作要领。

（四）跳皮筋

游戏目标：

1. 尝试跳皮筋的简单玩法，学会基本动作，发展动作的灵活性。

2. 提高脚的控制能力和跳跃能力。

游戏准备：

皮筋，儿歌。

游戏建议：

1. 玩法：将幼儿分成6人一组，3名幼儿将皮筋绷成三角形，另外3名幼儿分别站在三条边上，边念儿歌边跳皮筋。当念到“×十一”时按逆时针方向跑到前面一个小朋友的位置上，重复刚才的动作继续玩。

2. 开始时，教师可引导幼儿重点练习换位置的动作。当念到“×十一”时按逆时针方向跑到前面一个小朋友的位置上。

3. 教师示范，引导幼儿尝试跳皮筋的基本动作：踩线跳、跨跳、单脚跳、双脚跳等。由易到难，循序渐进，逐渐增加难度。可先引导幼儿在空地上练习，熟练后再利用地面上的线或地砖接处练习，最后再跳皮筋。

附儿歌：

小皮球，圆溜溜，
马兰开花二十一。
二五六，二五七，
二八二九三十一……

（五）丢手绢

游戏目标：

1. 让幼儿在轻松愉快的氛围中感受游戏的乐趣。

2. 获得躲、闪、跑等动作敏捷性的发展。

3. 掌握丢手绢的游戏规则。

游戏准备：

1 块手绢。

游戏玩法：

首先大家推选一个丢手绢的人，其余的人围成一个大圆圈蹲下。游戏开始，丢手绢的人沿着圆圈外行走，丢手绢的人要不知不觉地将手绢丢在其中一人的身后，被丢了手绢在身后的人要迅速发现自己身后的手绢，然后迅速起身追逐丢手绢的人，丢手绢的人沿着圆圈奔跑，跑到被丢手绢人的位置时蹲下，如被抓住，则要表演一个节目，可表演跳舞、歌谣、讲故事等。

游戏规则：

不要跑太快。顺着同一个方向跑。

（六）滚铁环

游戏目标：

培养幼儿动作的协调性。

游戏准备：

铁环若干。

游戏玩法：

滚铁环时，幼儿一手握铁钩（或木棍），轻轻套住铁环，稍用力推，铁环向前滚动，人随后跟着。铁环始终不倒，可一直玩下去；滚动的铁环倒下则由其他孩子接上来滚。

游戏规则：

铁环倒下，游戏者则为输。

（七）揪尾巴

游戏目标：

1. 发展幼儿的反应速度和身体灵活性。

2. 培养幼儿的竞争意识和合作能力。

游戏准备：

空旷的场地，布条或绳子（作为尾巴）。

游戏玩法：

将尾巴系在幼儿的腰间，幼儿在场地内互相追逐，尝试揪下对方的尾巴，同时要保护自己的尾巴不被揪下。

幼儿分组进行游戏，教师可以根据幼儿的能力进行适当调整，如尾巴的长度、游戏时间等。

游戏规则：

1. 幼儿必须在教师规定的范围内进行游戏。

2. 教师提醒幼儿在游戏时一定要注意安全。

第三部分　幼儿户外体育锻炼基本常识

户外体育活动可以促进孩子们的身心发展，是孩子们学习和成长的重要组成部分之一。在日常的户外活动过程中，家长的参与和配合十分重要。然而，户外运动活动中存在着一些潜在的安全隐患，为了确保孩子们的安全，必须加强对幼儿园户外运动安全常识的教育和宣传。本篇文章将详细介绍一些幼儿户外体育锻炼基本常识。

1. 冷水浴应注意事项

冷水浴锻炼要循序渐进，因人而异，饥饿时、饭后和剧烈活动后都不要立即进行冷水浴。每次锻炼的时间不能过长，避免出现寒战。若发生寒战，应立即停止冷水浴。

2. 发展体能常采用哪些方法?

发展体能常采用重复法、变换法、间歇法、持续法、循环法、游戏法、竞赛法、综合法等。

3. 发展灵敏素质常采用哪些方法?

灵敏协调素质是指人体在各种突然变化的条件下，迅速、正确地协调改变身体运动的能力，是人的一种综合素质，是田径运动员不可缺少的身体素质之一。常采用立卧撑测试、象限跳测试、十字变向跑、快速急停、迅速转体、改变方向的追逐、对信号做出反应等办法。

4. 上肢力量训练方法有哪些?

主要是发展手腕、小臂（前臂）、大臂（上臂）、肩部等部位的肌肉力量。常用的训练方法如下：

（1）持哑铃练习：哑铃推举、哑铃体前平举、哑铃前平举、哑铃俯立侧平举、哑铃扩胸、哑铃两臂交换摆动、哑铃侧平举、哑铃前臂屈伸、哑铃体前臂交换推、哑铃臂环绕。

（2）徒手练习：墙手倒立、墙手侧立臂屈伸、俯卧撑、俯卧撑推起击掌、俯卧撑、仰卧撑。

（3）双人练习：①牵拉：两人面对面站立，两腿前后分开，两人的同侧脚相对顶住，同一侧的手互握，两手同时用力牵拉对方，一方的脚离地为失败。②抗阻力臂屈伸：两人面对面站立，两手指交叉互握，做抗阻力的臂屈伸练习20—30次。练习时两人的脚均不得离地。③推小车：练习者直接俯撑，身体挺直，同伴握其双脚跟抬起他的身体，做快速的双手撑地向前爬行练习，也可攀台阶。

5. 下肢力量训练方法有哪些？

下肢力量训练主要是发展髋部（骨盆部）、腿部（大、小腿）、足部（踝关节）等部位的肌肉力量。常用的训练方法：

（1）徒手练习：静立半蹲、单腿蹲起、单足跳、纵跳、屈体跳、侧向跳、挺身跳、立定三级跳、多级跳、蛙跳、跳起抱膝、跳起转身。

（2）双人练习：驮人跳、小腿力量对抗、拉手单足跳、侧弓步交换跳、挂肘跳、跳人马。

6. 专项训练方法

（1）弓箭步交叉跳。要求动作幅度大的要向上蹬力强，动作幅度小的要动作频率快。

（2）前后左右并步跳。要求蹬地快，前后左右变向时要有随髋动作。

（3）垫步半蹲向前、后跑。要求两腿配合协调，后腿提起，频率快。

（4）并步半蹲，左、右移动跑。要求左右起动快。

（5）弓箭步起蹬、回蹬。要求中等速度完成动作，节奏明显。

（6）膝关节弯曲左右蹬地。要求后跟提起，中速完成。

7. 蛙跳练习的作用是什么?

蛙跳主要锻炼的是股直肌和大腿肌肉。每组练习15—20次，每次练习3—4组。每组间歇60—90秒。做完后要有放松活动。蛙跳可以很好地增强腿部力量。具体方法：两脚分开成半蹲，上体稍前倾，两臂在体后成预备姿势。两腿用力蹬伸，充分伸直髋、膝、踝三个关节，同时两臂迅速前摆，身体向前上方跳起，然后用全脚掌落地屈膝缓冲，两臂摆成预备姿势。

8. 高抬腿跑的主要作用是什么?

高抬腿跑的主要作用是训练腿部爆发力，提高下肢肌肉群的蹬撑能力和持续的无氧运动能力。长期练习可以起到增强腿部力量，扩大步幅，增强髋关节、膝关节、踝关节等下肢关节的力量、柔韧性、协调性。高抬腿跑的动作要领如下：

(1) 上体正直或稍前倾，两臂前后摆动。

(2) 大腿积极向前上摆到水平，并稍稍带动同侧髋向前，大小腿尽量折叠，脚跟接近臀部。

(3) 在抬腿的同时，另一腿的大腿积极下压，直腿足前掌着地，重心要提起，用踝关节缓冲。

9. 如何克服弯道跑中的离心力?

为了克服弯道跑中的离心力，弯道跑时，整个身体向内倾斜，以向左弯道跑为例，摆动腿前摆时，左膝稍向外展，以前脚掌外侧着地；右膝稍向内扣，以脚掌内侧着地，同时，加大右腿前摆的幅度。弯道跑摆臂时，左臂摆动幅度稍小，靠近体侧前后摆动；右臂摆动的幅度和力量稍大，且前摆时稍向左前方，后摆时肘关节稍向外。以便利用重心，产生向心力，克服离心力。从弯道进入直道时，身体逐渐减小内倾程度，放松跑2—3步，然后全力跑完全程。

10. 剧烈运动时或运动后可否大量饮水?

剧烈运动时，体内盐分随大量的汗液排出体外，饮水过多会使血液的渗透压降低，破坏体内水盐代谢平衡，影响人体正常生理功能，甚至还会发生肌肉痉挛现象。由于运动时，需要增加心跳、呼吸的频率来增加血液和氧气，以满足运动需要。而大量饮水会使胃部膨胀充盈，妨碍膈肌活动，影响呼吸。这时，血液的循环流量增加，加重了心脏负担，不仅不利于运动，还会伤害心脏。

11. 进餐后可否立即运动？

进餐后需要较多的血液流到胃肠道，帮助食物消化与养分吸收，如果这时参加运动就会造成血液流向四肢，妨碍胃肠的消化，时间一长就会导致疾病。体弱者进餐后血压还会降低，称为餐后低血压，外出活动容易跌倒。长期餐后运动容易得盲肠炎。

12. 情绪不好时可否运动？

运动不仅是身体的锻炼，也是心理的锻炼。当你生气、悲伤时，不要到运动场上去发泄。运动医学专家的解释是：人的情绪直接影响着身体的生理机能，而情绪的变化又产生于大脑深部，并扩散到全身，在心脏及其他器官上留下痕迹，这种痕迹将影响人体机能的健康。

13. 春季体育锻炼要注意什么？

冬季过后，人的身体各器官的功能都处在一个较低的水平，肌肉松弛，韧带变硬，中枢神经，内脏系统功能较低下，如果急于进行激烈和不当的运动，就容易造成受伤。因此，每到春天都是运动伤害的高发季。春天的气候变化比较反复，如何进行锻炼很有讲究。运动前做足充分热身的准备活动，让肌肉和韧带得到充分的放松，如：锻炼前应先做做关节活动、拉拉韧带，做些简单的四肢运动。雾大的春天，尘埃、病菌微粒多，运动时尽量用鼻吸气，用嘴吐气。锻炼时应养成用鼻子呼吸的习惯，因鼻毛能滤清空气，使气管和肺部不受尘埃、病菌的侵害。春天不主张晨练。日出后绿色植物开始光合作用，吸入二氧化碳吐出氧气，空气方达清新。建议黄昏锻炼，春天，下午4时左右的空气含氧气负离子丰富。

14. 夏季体育锻炼要注意什么？

夏季昼长夜短，气温较高，所以应该选择清晨和傍晚运动为宜。一般不主张在强烈阳光下进行体育锻炼，因为阳光中含有强烈的红外线，它可以透过皮肤、头骨而辐射到脑细胞中去，容易使大脑发生病变，也会导致类似中暑的症状，因此切忌在正午阳光照射下运动。运动的强度不宜过大，每次锻炼持续时间以半小时为宜。同时，锻炼后不要立即洗冷水澡，不要立即大量喝（吃）冷饮。

15. 秋季体育锻炼要注意什么？

秋季和夏季不同，清晨的气温已经开始有些低了，锻炼时一般出汗较多，稍不注意就有受凉感冒的危险。所以，千万不能一起床就穿着单衣到户外去活动，而要给身体一个适应的时间。从潮湿闷热的夏季进入秋天，一下子气候干燥起来，人体内容易积一些燥热，而且秋季空气中湿度减少，容易引起咽喉干燥、口舌少津、嘴唇干裂、鼻子出血、大便干燥等症状。再加上运动时丧失的水分会加重人体缺乏水分的反应，所以，运动后一定要多喝开水，多吃梨、苹果、乳类、芝麻、新鲜蔬菜等柔润食物防止咽喉肿痛。秋天又是一个人体的精气都处于收敛内养的阶段，所以运动也应顺应这一原则，运动量应由小到大，循序渐进。锻炼时觉得自己的身体有些发热，微微出汗，锻炼后感到轻松舒适，这就是效果好的标准。相反，如果锻炼后十分疲劳，休息后仍然身体不适、头痛、头昏、胸闷、心悸、食量减少，那么您的运动量可能过大了。

16. 冬季体育锻炼要注意什么？

首先，谨防运动创伤。冬季人体的肌肉、韧带在寒冷的刺激下会出现黏滞性增加，使肌肉的弹性和伸展性降低，各关节的生理活动度减少。因此，每次锻炼前一定要注意做好充分的准备活动。以防造成损伤。

其次，呼吸方法须得当。冬季气候寒冷，风沙又大。因此，锻炼时不要大口呼吸。而应用鼻腔或口鼻混合呼吸的方法，以减轻寒冷空气对呼吸道的不良刺激。

再次，防止受寒冻伤。冬天锻炼，应根据户外寒冷变化来增减衣服，对暴露在外的手、脸、鼻和耳朵等部位，除了经常搓、擦以促进局部血液循环，还应抹上适量的防冻膏、抗寒霜、油脂等以防皮肤冻伤。

最后，注意感官卫生。冬季风沙大，浓雾弥漫，加上地面空气污染日益严重。因此，大风、大雾的天气不宜在户外锻炼。

17. 体育锻炼的基本原则有哪些？

（1）运动技能是“习得”的。要想获得运动技能，必须经过多次反复练习，形成稳定的条件反射。

（2）运动技能的形成是有规律的。它有泛化、分化到自动化的三个阶段。

（3）提高体能要有一定的运动量和强度，即达到超量恢复。

（4）运动量从小到大，结束后要放松，每次练习间隔也要注意放松。

18. 锻炼时着装有什么要求？

衣服上不要别胸针、校徽、证章等；上衣、裤子口袋里不要装钥匙、小刀等坚硬、尖锐、锋利的物品；不要佩戴各种金属的或玻璃的装饰物；头上不要戴各种发卡；患有近视眼的，如果不戴眼镜可以体育活动，就尽量不要戴眼镜。如果非必需的鞋，应当穿球鞋或一般胶底布鞋；衣服要宽松合体，最好不穿纽扣裤、戴眼镜，做动作时一定要小心谨慎。做垫上运动时，必须摘下眼镜；不要穿塑料底的鞋或皮鞋，应当穿球鞋或一般胶底布鞋；衣服要宽松合体，最好不穿纽扣多、拉锁多或者有金属饰物的服装。

19. 运动时腹痛为什么？

发生运动中腹痛怎么办？有些人在参加体育运动时往往感到腹痛，甚至疼痛得不能直腰，不得不暂时停止锻炼。这是怎样引起的呢？原因主要有以下几个方面：

运动前没有做好准备活动，刚上场就进行剧烈的运动。这时内脏器官的功能还没有调动起来，心脏里的血液不能迅速排出，大静脉的血液回流发生障碍。以致肝脾暂时淤血胀大，肝脾外膜的张力增加，引起上腹部疼痛。

运动时呼吸节律掌握不好，呼吸表浅紊乱，肺的气体交换不好，氧气的利用率较低，肝脾胃肠的血液淤积缺氧，刺激上面的神经细胞，引起腹痛。

胃肠道里盛满了食物，在剧烈运动时受到震动，改变了正常的蠕动规律，甚至发生逆蠕动，引起恶心、呕吐、腹痛等现象。

饭后、饮水后剧烈运动，胃肠重量增加，容易使胃肠系膜受到过分的牵拉，引起腹痛。

患有胃肠疾病、寄生虫病、痢疾、慢性阑尾炎的病人，本来就有腹疼的症状，运动时胃肠受到震动，疼痛就会更明显。

知道了运动性腹痛的原因，就要积极进行预防，如运动前充分做好准备活动，提高内脏器官的功能，使血液循环加快；运动时强度要逐渐增加，并掌握呼吸的节奏和深度，防止发生呼吸紊乱，避免内脏器官的血液缺氧。

20. 气温与体育锻炼有何关系？

气温即空气的温度。气温对人体的体温调节和新陈代谢有很大影响，当气温低时，人体内产热增加，散热减少；相反，当气温高时，人体内散热增加，产热减少。人体通过调节机能，保证生理机能的正常。人体内产生的热量，在高温环境下由于机体以大量出汗来增加蒸发散热，导致体内大量水分和无机盐的丢失，会引起脱水和热痉挛等病症。气温过低对人体同样会造成损害。低温可使肌肉僵硬，黏滞性提高，因而容易造成运动损伤。气温过低还会造成机体的局部冻伤或全身体温降低。人体的正常体温是36℃—37℃，最低体温耐受限度为14.2℃。当大脑温度下降时，可发生意识丧失，甚至死亡。

21. 何时锻炼最合适呢？

科学表明：早晨时肌体状态欠佳、空气质量差，不宜激烈运动。晚上时，肌体状态一般，因接近睡觉时间，不宜激烈运动。而下午时，肌体状态良好，空气质量较好，所以可作为主要体育锻炼时间。

22. 嘴鼻同时呼吸

用嘴和鼻子同时呼吸，舌头顶上腭，让空气从舌头两侧通过，可以湿润空气，也避免凉空气直吹嗓子。

23. 挫伤的应急处理

挫伤是由于身体局部受到钝器打击而引起的组织损伤。损伤的部位通常在踝关节、膝关节、掌指关节等。轻度损伤不需特殊处理，经冷热处理 24 小时后可用活血化瘀叮剂，局部可用伤湿止痛膏贴上，在伤后第一天予以冷敷，第二天热敷。约一周后淤血可吸收消失。较重的挫伤可用云南白药加白酒调敷伤处并包扎，隔日换药一次，每日 2—3 次，加理疗。

24. 扭伤的应急处理

扭伤是由于关节部位突然过猛扭转，拧扭了附在关节外面的韧带及肌腱所致。多发生在踝关节、膝关节、腕关节及腰部，不同部位的扭伤，其治疗方法也不同。

（1）急性腰扭伤可让患儿仰卧在垫得较厚的木床上，腰下垫一个枕头，先冷敷，后热敷。

（2）关节（踝关节、膝关节、腕关节）扭伤时，将扭伤部位垫高，先冷敷 2—3 天后再热敷。如扭伤部位肿胀、皮肤青紫和疼痛，可用陈醋半斤炖热后用毛巾蘸敷伤处，每天 2—3 次，每次 10 分钟。

25. 脱臼的应急处理

脱臼即关节脱位。一旦发生脱臼，应嘱患儿保持安静、不要活动，更不可揉搓脱臼部位。如脱臼部位在肩部，可把患儿肘部弯成直角，再用三角巾把其前臂和肘部托起，挂在颈上，再用一条宽带缠过头部，在对侧做结。如脱臼部位在髋部，则应立即让患儿躺在软卧上送往医院。

26. 骨折的应急处理

常见骨折分为两种：一种是皮肤不破，没有伤口，断骨不与外界相通，称为闭合性骨折；另一种是骨头的尖端穿过皮肤，有伤口与外界相通，称为开放性骨折。对开放性骨折，不可用手回纳，以免引起骨髓炎，应用消毒纱布对伤口做初步包扎、止血后，再用平木板固定送医院处理。骨折后肢体不稳定，容易移动，这会加重损伤和剧烈疼痛，可找木板、塑料板等将肢体骨折部位的上下两个关节固定起来。如一时找不到固定的材料，骨折在上肢者，可屈曲肘关节固定于躯干上；骨折在下肢者，可伸直腿足，固定于对侧的肢体上。怀疑脊柱有骨折者，不能抬伤者头部。昏迷者应俯卧，头转向一侧，以免呕吐时将呕吐物吸入肺内。怀疑颈椎骨折时，需在头颈两侧置一枕头或扶持患者头颈部，不使其在运输途中发生晃动。

后 记

本研究深植于幼儿全面发展的实际需求，不仅极大地丰富了幼儿园的课程内容，成功实现了德、智、体、美、劳五育的有机融合，而且紧密贴合幼儿生活实际，全方位地促进了幼儿多元智能与综合能力的提升。在此过程中，教师的专业素养与创新能力得到了显著提升，为其专业成长注入了新的活力与动能。同时，这一变革性实践也深刻影响了家长的教育观念，促使家庭教育环境向着更加科学、和谐的方向发展。

物化成果方面，我们取得了显著的成绩，包括一系列具有创新性的理论成果、生动具体的教学案例以及多项荣誉奖项。这些成果不仅为幼儿教育领域的研究者与实践者提供了宝贵的参考与借鉴，更为推动幼儿教育的发展贡献了力量。更重要的是，我们的研究成果不仅满足了幼儿对户外体育游戏的天然需求，更为其他幼儿园提供了可借鉴的实践经验，有力推动了幼儿教育界对户外体育游戏价值的重新认识与深度挖掘。

然而，在回顾与总结的过程中，我们也清醒地认识到本研究存在的不足之处。例如，在实践探索的过程中，由于时间、资源等条件的限制，我们未能对所有可能的户外体育游戏形式进行深入的尝试与分析，导致部分研究成果可能存在一定的局限性。此外，在家长教育观念的转变方面，虽然我们已经取得了一定的成效，但仍有部分家长对于户外体育游戏的价值认识不足，需要我们进一步加强宣传与引导。

我们将继续深化对幼儿体育活动的研究与实践，不断拓展研究的广度与深度，努力克服其中存在的不足，为孩子们营造一个更加健康、快乐的成长环境。

本书兼具科学性、实用性与趣味性。期望通过广泛推广与应用，激发教师与家长对幼儿体育的关注与热情，促使他们投身其中。愿大家携手，在这片充满希望的体育天地，用心陪伴孩子成长，共同迎接孩子们的美好未来，助力幼儿教育蓬勃发展。

主要参考文献

[1] 任艳丽，戴家芳．五育融合研究：现状、热点与展望．中图分类号：G641 文献标志码：A 文章编号：1673－6060（2021）08－0018－06

[2] 刘登珲，李华．“五育融合”的内涵、框架与实现．中图分类号：G622.03 文献标志码：A 文章编号：2096－6024（2020）05－0085－07

[3] 董旭花．幼儿园户外环境创设与活动指导［M］．中国轻工业出版社.2012.

[4] 刘焱．儿童游戏通论［M］．福州：福建人民出版社.2015.

[5] 孙英俊．幼儿园户外体育活动设计与组织［M］．长春：吉林大学出版社，2017.

[6] 张慧玲．《游戏点亮童年：幼儿自主游戏观察与支持策略研究62问［M］．济南：济南出版社，2020.

[7] 陈鹤琴．活教育［M］．南京：南京师范大学出版社.2012.

[8] 皮亚杰．儿童认知理论［M］．北京：人民教育出版社.2015.

[9] 维果茨基．维果茨基教育论著选［M］．北京：人民教育出版社.2005.

[10] 赵晓卫，李丽英，袁爱玲．幼儿园民间体育游戏课程［M］．福州：福建教育出版社，2015.

[11] 虞永平．学前课程与幸福童年［M］．北京：教育科学出版社，2012.